식물과 행복한 일상을 위한 가이드북
반려식물 다이어리

 **일러두기**

이 책의 식물명은 시중 유통명과 학명을 함께 표기했습니다. 학명은 기본종을 기준으로 삼고,
농촌진흥청과 국가표준식물목록에 등록된 것을 우선으로 했습니다.
단, 최근에 품종개량이 이루어져 학명이 정확하지 않은 몇 종의 식물은 학명 표기를 하지 않았습니다.

식물과 행복한 일상을 위한 가이드북
반려식물 다이어리

2021년 4월 26일 초판 1쇄 발행

지은이　송현희
펴낸이　권이지
편　집　권이지・이정아

인　쇄　성광인쇄
펴낸곳　홀리데이북스
등　록　2014년 11월 20일 제2014-000092호
주　소　서울시 금천구 가산디지털1로 168 우림라이온스밸리 B동 712호

전　화　02-2026-0545
팩　스　02-2026-0547
E-mail　editor@holidaybooks.co.kr

ISBN　979-11-91381-01-6 (13520)

협의에 따라 인지를 붙이지 않습니다.
책값은 뒷표지에 있습니다.
잘못된 책은 바꾸어 드립니다.

식물과 행복한 일상을 위한 가이드북
반려식물 다이어리

글·사진 송현희

HOLIDAYBOOKS

작은 숲을 꿈꾸며

어린 시절을 보낸 할머니댁 마당은 식물들이 만드는 사계절의 아름다운 시계가 쉼 없이 움직였어요. 봄이면 감나무 아래는 꼬물꼬물 싹을 내민 식물들이 꽃을 피우고 한가로운 봄날 감꽃이 툭, 무심히 떨어져 정적을 깨기도 했어요. 학교에 가려고 집을 나서면 길가의 다양한 꽃들이 제 곁에서 함께 했어요. 해바라기가 어린 제 키보다 높이 하늘 향해 활짝 웃는 모습도, 학교에서 돌아오는 제게 인사하는 채송화 꽃이 공기처럼 물처럼 당연하게 생각되었어요.

'언제부터 식물을 좋아했어요? 어떻게 그렇게 율마를 잘 키워요?' 하는 질문을 받을 때야 떠올립니다. 나는 언제부터 식물을 좋아했을까. 원룸을 꾸밀 때였을까, 인테리어에 관심을 갖기 시작할 때였을까. 정확하게 기억나지 않지만 한가지만은 분명해요. 식물이 단순한 관심을 넘어 제게 조금은 지나치고 일방적인 사랑의 대상이라는 것을요.

그동안 제가 생각하는 사랑의 대상은 보고 돌아서면 또 생각나고 보고 싶은 사람이었어요. 긴 시간을 마주보고 이야기를 나누고 차를 마시며 시간을 보냈지만 또 보고 싶은 사람이요. 제게 식물이 어쩌면 그런 존재가 아닌가 싶어요. 사랑하는 사람이 생기면 그가 어떤 음식을 좋아하는지, 무엇에 관심이 있는지 궁금한 것처럼요. 그래서 식물도 이름이 뭔지, 왜 그런 이름을 갖게 되었는지, 어떻게 해야 좋아하고 건강한지 바라보며 관찰하고, 궁금해서 공부하게 되는 존재에요. 긴 시간 동안 일방적으로 사랑해도 괜찮은 존재요.

아직도 만나면 놀라는 지인들이 있어요. 오랜 시간 가드닝을 하며 책을 내고 사람들 앞에서 식물 강의를 하는 것에 대해 놀라움을 감추지 않아요. 제가 당연히 소설을 쓰고 문학과 연관된 삶을 살고 있을 거라고 생각해서일까요. 저는 요즘도 매일 식물을 돌보고 그 과정을 수첩에 메모를 하고, 사진을 찍습니다. 또 노트북을 펴고 그 이야기를 글로 씁니다. 어린시절 꿈꾸던 소설가의 글과는 다르지만 어떤 일보다 의미가 크고 행복합니다.

가드닝을 하는 게 항상 즐거움만 있는 것은 아니에요. 계절에 맞게 분갈이를 하고 가지치기를 하고 공부해야 할 것들이 많아요. 하지만 저는 식물과 사람이 함께 하는 일상을 더 여유롭고 행복하게 하는 사람이 되고 싶은 꿈을 꾸고, 그 노력을 쉼 없이 하고 있어요. 가끔, 늦잠을 자고 싶어도 베란다 식물들 중에 물을 줘야 하는 아이들이 생각나 규칙적인 생활을 하게 돼요. 새로 들인 식물을 좀 더 자세히 알고, 친해지고 싶어서 식물 서적을 구입하고 도서관에서 시간을 보내는 것이 어색한 일이 아니에요.. 야외 정원 식물이나 더 넓은 식물의 생활을 눈으로 보고 싶어 식물원을 다니고 그만큼 햇살에 그을린 피부는 가끔 거울 속에서 낯설게 와닿아요. 식물과 가까워질수록 제 손도 거칠어지고, 손가락 마디는 굵어지고 있지만 제 눈과 마음, 손은 점점 식물 곁에 가까이 있음을 느껴요. 곱고 예쁜 손을 갖고 싶은 적도 있지만 장갑을 끼는 것보다 맨손으로 흙과 식물을 만지고 느끼며 분갈이를 하고 가지치기를 하는 게 좋아요. 제 손이 조금 더 많이 거칠어져도요.

일상에서 식물을 가꾸는 일이 특별한 사람만이 하는 일이 아닌 더 많은 사람들에게, 누구나 할 수 있는 일, 생활의 일부가 되면 좋겠어요. 눈을 떠 평범하게 시작하는 하루 속에 식물과 마주하는 일, 또 물을 주고 시든 꽃잎을 따주고 꽃집을 찾아 화분을 고르며 때로 위로 받고 함께 하는 그 사소한 즐거움으로 행복하면 좋겠습니다.

제 첫 가드닝 책인 『초록향기 가득, 반려식물 인테리어』를 내면서 다시 가드닝 책을 낼 일이 있을 거라고 생각하지 못했어요. 첫 책이 나오고 여러 곳의 도서관, 백화점에서 강좌를 통해 다양한 분을 만나다보니 제가 할 일이 아직도 많다는 것을 알았습니다. 그래서 다시 이렇게 두 번째 가드닝 도서를 세상에 내 놓습니다.

이 책은 꼭 정독하지 않아도, 그냥 넘겨보는 걸로도 잠시 쉼을 주는 책이면 좋겠습니다. 누구든 어디서든 이 책을 꺼내 보고 잠시 마음 즐거운 책, 나도 화분 하나쯤은 함께 하고 싶은 생각을 갖게 하는 책이면 좋겠습니다. 그렇게 즐거움은 물론 원예의 기초부터 꼭 알아야 하는 가드닝 지식, 일상 속 정원 관리하기, 찾아보기와 알아야 할 가드닝 용어 등을 정리해 필요할 때 쉽게 활용할 수 있도록 했습니다. 그래서 홈가드닝을 하는 분이나 화원을 하는 분들, 또 식물과 관련된 일을 계획하는 분들에게 즐거움과 도움을 줄 수 있는 책이 되기를 바랍니다.

감사한 분이 많습니다. 멈칫거리는 제게 두 번째 책도 잘 할 수 있다며 응원해 준 친구, 소중한 가족들, 학연문화사 권혁재 대표님, 홀리데이북스 권이지 대표님과 출판사 가족분들, 천송플라워 대표님, 늘봄야생화 정혜정 대표님, 네이버 블로그 '모나코의 초록향기' 이웃님들께도 감사한 마음 전합니다. 그리고 독자가 되어 준 당신께도 고개 숙여 고마움을 전합니다.

2021년 봄날
송 현 희

목차

가드너의 꼼꼼 노트

식물의 기본적인 분류 …………………………… 12
학명과 원산지, 종의 분류 ……………………… 14
가드닝 용어 ……………………………………… 16
무엇이 필요할까요? …………………………… 18
화분의 종류와 특성 ……………………………… 20
공간마다 다른 특성을 알아볼까요? …………… 22
식물의 다양한 번식 ……………………………… 24
친절한 식물 상담소 ……………………………… 25
나만의 식물 아지트, 식물 공간 만들기 ………… 31

CHAPTER 01
일상으로 정원을 들이다 : 집 안의 작은 숲

1. 한련화 ………………………………………… 34
2. 아스파라거스 플루모서스 …………………… 36
3. 운간초 ………………………………………… 38
4. 떡갈잎고무나무 ……………………………… 40
5. 미니달개비, 핑크레이디 …………………… 42
6. 피라칸타 ……………………………………… 44
7. 달콤한 꽃 향기, 호야 ……………………… 46
8. 자엽안개나무 ………………………………… 48
9. 수박페페 ……………………………………… 50
10. 크로톤 ………………………………………… 51
11. 미스김라일락 ………………………………… 52
12. 제주마삭줄 …………………………………… 54
13. 애니시다 ……………………………………… 56
14. 동백나무 ……………………………………… 58
15. 직희남천 ……………………………………… 60
16. 세잎뿔남천 …………………………………… 61
17. 맥시나리아 나나 ……………………………… 62
18. 호접란 '만천홍' ……………………………… 64
19. 황칠나무 ……………………………………… 66
20. 사계보로니아 ………………………………… 68
21. 노랑아카시아 ………………………………… 70
22. 연잎양귀비 …………………………………… 72
23. 싱고니움 바리에가타 ………………………… 73
24. 구절초 ………………………………………… 74
25. 과꽃 …………………………………………… 75
26. 국화 …………………………………………… 76
27. 네마탄투스 …………………………………… 78
28. 미모사 ………………………………………… 79
29. 벌레잡이통풀, 네펜데스 알라타 …………… 80
30. 몬스테라 ……………………………………… 82

31. 싸리 …………………………………… 84
32. 둥근잎다정큼나무 …………………… 86
33. 루비산사나무 ………………………… 88
34. 백자단 ………………………………… 90
35. 겨울보리수 …………………………… 92
36. 풍로초 ………………………………… 94
37. 미니편백 ……………………………… 95
38. 엔젤스킨 ……………………………… 96
39. 왁스플라워 …………………………… 98
40. 나폴리나이트 ………………………… 99
41. 벤쿠버제라늄 ………………………… 100
42. 해바라기 ……………………………… 101
43. 크리스마스로즈 ……………………… 102
44. 자연의 멋, 이끼 ……………………… 104
45. 디시디아 멜론 ………………………… 106
46. 디시디아 밀리언하트 ………………… 108
47. 립살리스 슈도 ………………………… 110
48. 매력있는 에어플랜트의 세계 : 틸란드시아 …… 112

CHAPTER 02
식물의 가지치기
1. 식물의 단장 : 가지치기 ……………… 120
2. 가지치기의 기본적인 방법 …………… 120
3. 가지치기의 시기 ……………………… 122
4. 가지치기로 매력이 자라는 식물 ……… 123

CHAPTER 03
잎이 아름다운 식물
1. 담쟁이 ………………………………… 128
2. 비비추 ………………………………… 130
3. 칼라데아 ……………………………… 132
4. 고려사자석위 ………………………… 134
5. 반딧불털머위 ………………………… 136
6. 칼라디움 ……………………………… 138
7. 무늬병풀 ……………………………… 140
8. 안스리움 클라리네비움 ……………… 142

CHAPTER 04
개성있는 그린인테리어
1. 푸미라 화분리스 ……………………… 146
2. 아이비 화분리스 ……………………… 150

CHAPTER 05
투박함 속의 멋, 괴근식물
1. 스테파니아 에렉타 ········· 156
2. 스테파니아 세파란타 ········· 158
3. 필란투스 미라빌리스 ········· 160
4. 파키포디움 호롬벤세 ········· 162

CHAPTER 06
침엽수의 매력
1. 썰프레아 ········· 166
2. 팔방삼나무 ········· 168
3. 가문비나무 ········· 169
4. 옐로우봉 ········· 170
5. 주목 ········· 172

CHAPTER 07
율마와 함께 하는 사계절
1. 율마 자세히 알기 ········· 176
2. 율마 분갈이 하기 ········· 178
3. 율마 계절별 관리하기 ········· 180
4. 율마 손질하기 : 수형만들기 ········· 181
5. 야외정원 율마 수형관리하기: 가지치기 ········· 183

CHAPTER 08
구근식물의 매력
매력가득, 구근식물 ········· 186
1. 수선화 ········· 189
2. 튤립 ········· 190
3. 무스카리 ········· 192
4. 독일은방울 ········· 193
5. 시클라멘 ········· 194
6. 라넌큘러스 ········· 196
7. 크로커스 ········· 197

CHAPTER 09
향기로운 허브정원
1. 피나타라벤더 ········· 200
2. 레몬밤 ········· 204
3. 블루 세이지 ········· 205
4. 로즈마리 ········· 206
5. 오데코롱민트 ········· 207

CHAPTER 10
선인장과 다육식물
　　선인장의 특성과 종류 ············· 210
　　개성있는 다육식물의 세계 ········ 212
　　1. 청산호선인장 ··················· 214
　　2. 웅동자 ·························· 215
　　3. 연필선인장 ····················· 216
　　4. 곰돌이선인장 ··················· 218
　　5. 단애여왕 ······················· 220
　　6. 리톱스 ·························· 222
　　7. 세무리아 ······················· 224

CHAPTER 11
수제 토분
　　1. 두갸르송 토분 ·················· 228
　　2. 디어마이 토분 ·················· 230
　　3. 루 토분, 루쟈르디노 토분 ······ 232
　　4. 아뜨리움 토분 ·················· 234

CHAPTER 12
힐링 가든6
　　1. 가로수길 식물카페, 보타미 ············ 238
　　2. 바다를 품은 온실카페, 널서리 ········· 240
　　3. 외도, 보타니아정원 ····················· 242
　　4. 아날로그 감성 가득, 낭만정원 ········· 244
　　5. 정원카페, 보니비 ······················· 246
　　6. 자연이 숨쉬는 감성카페, 더포레 ······· 248
　　7. 맛있는 행복, 특별한 정원, 참좋은 생각 ··· 250
　　8. 이색적인 식물공간, 화분병원 ············ 252

CHAPTER 13
수목원과 식물원
　　1. 거제식물원 : 정글돔 ···················· 256
　　2. 국립세종수목원 ························ 260
　　3. 도시속 자연, 한밭수목원 ··············· 264

찾아보기 ·································· 268
에필로그 ·································· 270
참고문헌 및 함께 보면 좋은 도서 ······· 272

궁금한 가드닝 이야기

가드너의 꼼꼼노트

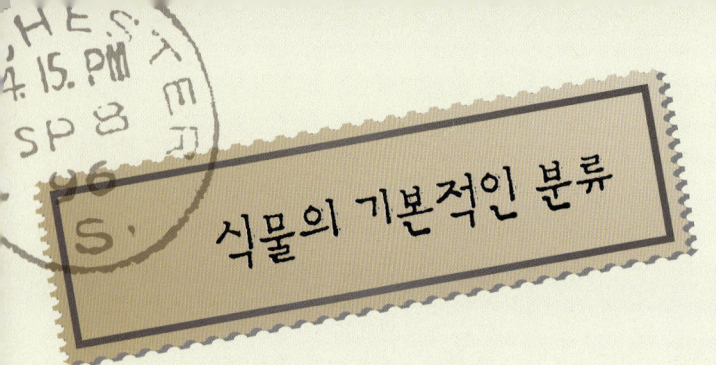

식물의 기본적인 분류

각 나라와 지역 등 환경에 따라 저마다 식물의 종류가 달라요. 기온 변화가 심한 곳이나 특정적인 환경이 뚜렷한 곳에서 자라는 식물이 뭔지 특성을 알고 키우면 더 오래 함께 할 수 있어요.

 관엽식물

주로 잎의 모양이나 빛깔의 아름다움을 보고 즐기기 위해 재배하는 식물을 말해요. 단풍나무, 고무나무, 크로톤, 홍콩야자 등 많은 종류가 있어요. 남천, 백양나무 같은 추위에 강한 식물은 노지관엽식물, 야외에서 겨울을 나기 어려워 실내에서 키워야하는 크로톤 같은 종류는 온실관엽식물로 분류돼요.

 관실식물

열매를 위주로 감상하는 원예식물로 피라칸타, 꽃사과나무, 귤나무 등 다양한 수종이 있어요. 관실식물은 확장형 거실보다 바람이 잘 통하고 햇빛이 풍부한 장소에서 잘 자라요.

 침엽수

침엽수는 바늘처럼 가늘고 길며 끝이 뾰족한 잎의 형태를 하고 있어요. 수종으로 소나무, 잣나무, 향나무 등이 있고 건축 자재로도 많이 쓰입니다. 원예용으로는 율마, 썰프레아, 문그로우 등 다양한 종류가 있어요.

 활엽수

활엽수는 잎이 넓은 형태 나무로 떡갈나무, 뽕나무, 상수리나무 등이 있어요. 작은 원예용 외에 크게 키운 나무들은 내장재와 가구, 악기의 제조에 쓰입니다.

 다육식물과 선인장

줄기나 잎에 많은 수분을 함유한 식물을 다육식물이라 통칭하며 그 중에 특히 잎이 가시화된 식물을 선인장이라고 해요. 다육식물과 선인장은 종류도 다양합니다.

 구근식물

알뿌리에 영양을 갖고 있는 식물을 말해요. 알뿌리로 추운 계절을 나고 주로 봄, 초여름 등 특정 계절에 꽃을 피우고 난 후 휴면으로 지내며 구근을 보호하고 개체를 확장하기도 합니다. 대표적으로 튤립, 히아신스, 무스카리, 백합, 수선화 등 꽃식물이 많아요.

괴근식물

열악한 환경에서 살아가기 위해 뿌리 위로 덩어리 같은 별도의 괴근을 만들어 성장하는 식물을 말해요. 주로 괴근에 영양을 저장하고, 팽창하는 특징이 있습니다.

난과식물
고등식물 중 가장 진화한 식물로 알려진 난은 원산지를 기준으로 동양란과 서양란, 뿌리 뻗는 특성에 따라서 지생란과 착생란으로 분류됩니다.

 ### 허브식물
향기가 좋아 예로부터 약이나 향료로 쓰이던 식물이에요. 요즘은 관상용으로도 많이 사랑받고 있어요. 라벤더, 로즈마리, 박하, 민트 등이 있어요.

 ### 덩굴식물
줄기가 길쭉하여 곧게 서는 게 쉽지 않고 다른 물건을 감거나 거기에 붙어서 자라는 식물을 말해요. 나팔꽃, 담쟁이, 아이비 등 다양한 종류가 있어요.

 ### 수경식물
물 속에 뿌리를 잠기게 해서 그 줄기와 잎의 형태를 유지하면서 키우는 식물을 말합니다. 대표적인 원예용 수경식물로 개운죽이 있어요. 또 토양의 수질 개선 효과가 뛰어난 수경식물로 손꼽히는 미나리는 강가 등에서도 자생하며 영양도 풍부한 식재료예요.

 ### 수생식물
습기가 많은 물가나 습지에서 자라는 식물을 통칭해서 부르는 말입니다. 모든 수생식물이 용기에 담아 실내에서 키우는 수경식물로 적당한 것은 아닙니다. 부레옥잠이나 물배추 등은 수생식물이면서 수경식물이지만 야외 직접광을 받는 곳에서 잘 자라는 수생식물입니다.

 ### 분재
화분에 나무를 심어 가지치기를 하면서 작은 거목처럼 축소시켜 가꾸는 방식의 식물을 일컬어요. 분재식물로 정해진 게 따로 있지는 않아요. 목본류 식물은 어린 묘목일 때부터 모양을 잡으며 개성있는 수형으로 키울 수 있어요.

 ### 벌레잡이식물
흔히 식충식물이라고 불러요. 날아다니는 곤충을 섭취하여 영양분으로 사용하는 식물이에요. 파리지옥, 긴잎끈끈이주걱, 네펜데스, 벌레잡이제비꽃 등 다양한 종류가 있어요.

 ### 착생식물
흙 이외에 나무나 바위 같은 다른 물체의 표면에 뿌리와 기근을 대부분 노출하고 붙어서 자라는 식물을 일컬어요. 담쟁이와 고사리류, 난초, 이끼류 등 다양한 종류가 있어요.

 ### 귀화식물
다른 곳에서 저절로 자라다가 여러 이유로 어떤 곳으로 옮겨와 그곳에서 본래 자라던 식물과 어울려 자라고 저절로 번식하면서 터를 잡은 식물을 말해요.

기생식물
다른 생물에 달라붙어 같이 살면서 양분을 빼앗는 식물을 말해요. 광합성을 하여 스스로 양분을 만들면서 다른 생물 양분도 빼앗는 반기생식물, 스스로 양분을 만들지 못해서 다른 생물에 완전히 기대어 양분을 빼앗는 전기생식물 두 종류로 나뉘어요.

학명과 원산지, 종의 분류

학명(學名)과 원산지

학명(學名)은 세계적으로 부르는 공통적인 식물의 이름으로 린네(Linne)가 고안한 이명법(二名法)을 쓰고 있어요. 이명법은 속명(품종명)과 종소명을 쓰고 그 뒤에 이름을 붙인 학자의 이름을 적는데 학자의 이름은 생략하기도 합니다.

학명을 통해 식물의 고향인 원산지와 기본 성질을 알 수 있어요. 학명의 표기 방법에는 일정한 규칙이 있어요. 학명의 속명과 종소명은 이탤릭체로 표기하는 것이 원칙이고 속명 첫글자는 대문자로 표기합니다. 하지만 식물은 각 나라마다, 때로 지역에 따라 다르게 불리며 유통돼요. 이렇게 학명과 상관없이 보편적으로 불리며 시중에 유통되는 이름을 유통명이라고 불러요. 예를 들어 '인삼판다'라고 불리는 식물은 '파커스 미크로카르파(Ficus microcarpe)'예요. 또 가장자리의 흰색 무늬가 예쁜 푸미라는 '무늬모람(Ficus Pumila 'Variegata')'인데 학명의 가운데를 따서 '푸미라'로 불리고 있어요.

이처럼 주로 영문표기로 된 학명을 우리말로 옮기다가 간단히 유통명이 된 것도 있고 인삼판다처럼 그 모양의 개성에서 유통명을 유추할 수 있는 것 등 저마다 달라요. 요즘 유통되는 식물은 그 종류가 워낙 다양하고 원산지만큼 식물의 특성도 달라서 학명을 알면 식물의 특성을 아는데 도움이 돼요. 하지만 온라인이나 오프라인 등에서 일일이 라벨이나 원산지와 기본적인 정보를 확인하고 구입하는 것은 쉬운 일은 아니에요. 학명과 원산지 등의 확인이 번거롭게 느껴지더라도 그 식물을 구입 후 기본이 되는 식물의 분류와 특성을 알고 키우면 좋아요.

기본종(基本種)

생물의 어떤 종의 기준이 되는 종이에요. 세분화해서 나눈 종으로 돌연변이로 생긴 기본적인 분류단위도 포함됩니다.

변종(變種)

원래 갖고 있던 특성에서 모양이나 성질이 조금 다르게 변한 것을 일컬어요. 종의 하위 단계로 같은 종 내에서 자연적으로 생긴 돌연변이종을 변종(variey)이라고 하며 줄여서 var. 또는 v.로 표시해요.

품종(品種)

돌연변이종으로 기본종과 한 두가지 형질이 다른 것을 품종(form)이라고 하며 보통 줄여서 for. 또는 f.로 표시해요. 변종보다는 분화의 정도가 적은 하위 단계의 종이에요.

재배종(栽培種)

사람이 인공적으로 만든 품종 중에서 식용이나 관상용 등으로 다시 교배하여 생산한 것으로 cultivar이라고 하며 줄여서 cv.로 표기해요.

아종(亞種)

종의 하위 단계로 종이 지리적이나 생태적으로 격리되어 생김새가 달라진 경우에 그 종의 아종(subspecies)이라고 하며 학명 뒤에 아종을 쓰는데 줄여서 subsp. 또는 ssp.로 표기해요.

잡종(雜種), 교잡종(交雜種)

서로 다른 계통 간의 강세를 찾아내기 위해 교배하며 생긴 품종을 말해요. 양친종의 종소명 사이에 'x'를 넣어서 표기해요.

유통명(流通名)

학명과 달리 그 지역 등 시중에서 공통으로 부르는 이름을 일컬어요. 식물의 외형이나 두드러진 특성에 따라 붙여진 것도 있고, 학명의 한부분만을 간단히 붙인 경우도 있어요. 실제로 사람들에게 가장 익숙하고 많이 불리는 것이 유통명이에요.

가드닝 용어

겉씨식물 : 밑씨가 씨방 안에 있지 않고 겉으로 드러나 있는 식물을 말해요. 바늘잎나무가 대부분이에요.

속씨식물 : 꽃이 피고 열매를 맺는 씨식물 중에서 씨방 안에 밑씨가 들어 있는 식물을 말해요. 식물 중에서 가장 진화한 무리로 전체 식물의 80%를 차지하며 쌍떡잎식물과 외떡잎식물로 나뉘어요.

암수딴그루 : 암꽃이 달리는 암그루와 수꽃이 달리는 수그루가 따로 있는 식물을 말해요

암수한그루 : 암꽃과 수꽃이 한 그루에 따로 달리는 식물을 일컬어요. 씨식물의 많은 종이 암수한그루에 해당합니다.

왜성종(矮性種) : 그 종의 표준에 비해서 키가 작게 자라는 특성을 가진 식물을 말해요. 상대적으로 키가 큰 품종을 고성종(高性種)이라고 해요. 근래에는 화단과 홈가드닝용으로 많은 왜성종이 나오고 있어요.

리그닌 : 식물에서 조직을 지지하는 중요한 구조 물질을 형성하는 성분 중 하나로 나무를 뜻하는 라틴어 'lignum'에서 유래한 단어예요. 주로 목본류의 세포벽에 축적되어 식물이 바깥과 더 단단한 경계를 쌓아요. 리그닌은 줄기와 관다발 조직을 강화시키며, 물과 무기염류가 수송되는 수분 수송조직의 주요한 성분이기도 해요. 리그닌은 식물을 지지하는 역할과 함께 물리적으로 단단하기 때문에 동물에 의해 쉽게 먹히지 않고, 병원체의 생장을 차단하며, 감염이나 상처에 종종 리그닌화가 일어나 식물을 보호하는 역할을 해요.

목질화 : 여린 줄기로 자란 식물이 시간이 지나며 성장과 함께 표면이 단단해지는 현상을 말해요. 리그닌이 생성되어 나타나서 리그닌화라고도 합니다.

수형 : 나무의 뿌리, 줄기, 잎 등이 어우러져서 만들어내는 전체적인 모양으로 식물 종류마다 기본적인 고유의 모양은 유전이 되지만 가지치기 등 관리와 환경에 따라 달라지기도 해요.

겨울눈 : 봄에 잎이나 꽃을 피우기 위해 만들어져 겨울을 나는 눈으로 겨울눈은 보통 비늘조각이나 털 등으로 덮여 있어요.

겹꽃 : 여러겹의 꽃잎으로 이루어진 꽃으로 꽃잎이 한 겹으로 이루어진 홀꽃과 반대이죠.

기근 : 땅 속이 아닌 공기 중에 나오는 뿌리를 말해요. 기근이 발달한 대표적인 식물로 몬스테라를 꼽을 수 있어요.

양치식물 : 관다발 조직을 갖고 있는 일반적인 식물과 달리 꽃과 종자없이 포자로 번식하는 식물을 일컬어요. 대표적인 종류로는 고사리과 식물과 세뿔석위 등이 있어요.

행잉플랜트 : 공중에 매달거나 벽에 걸어서 키울 수 있는 특성을 가진 식물을 통칭으로 일컬어요.

복토 : 화분 분갈이가 아니라 그 화분 맨 윗부분에 흙을 추가로 얹어 주는 것을 말해요.

수액 : 나무줄기나 가지에서 나오는 액으로 나무즙이라고도 합니다.

삽목(꺾꽂이) : 줄기 일부분을 꺾어서 성장시키는 것을 말해요. 삽수도 같은 방법입니다.

휘묻이 : 식물을 꺾지 않고 휘듯이 한 부분을 흙에 묻어 뿌리를 내려 다시 하나의 개체로 번식시키는 방법이에요.

접목(접붙이기) : 서로 다른 개체의 두 나무를 하나로 연결하는 것을 말해요. 바탕이 되는 뿌리쪽 식물이 밑나무가 되고 위에 갖다 붙이는 접지 식물이 만나 새로운 하나의 개체가 돼요. 일반 과실수는 물론 선인장 등 다양하게 활용돼요.

잎꽂이 : 어미화초에서 떼어낸 건강한 잎을 배양토에 꽂아서 번식하는 방법이에요. 바이올렛, 다육식물 등이 잎꽂이 번식을 많이 하는 식물이에요.

포기나누기 : 뿌리에서 난 여러 개의 움을 뿌리와 함께 나누어 따로 독립시켜 번식하는 방법을 말해요.

저면관수 : 화분 흙에 직접 물을 부어주는 것이 아니라 용기에 물을 담아 화분 바닥면이 일부 잠기게 하는 수분공급 방법이에요.

광합성 : 녹색 식물이 태양의 복사에너지를 이용하여 이산화탄소와 물을 산소와 탄수화물로 바꾸어 저장하는 현상을 말해요.

엽록소 : 녹색 식물의 잎 속에 들어 있는 화합물로 태양의 에너지를 받아 이산화탄소와 물을 산소와 탄수화물로 바꾸어 저장해요

잎맥 : 그물망처럼 분포하는 조직으로 물과 양분의 통로가 돼요. 크게 나란히맥과 그물맥으로 나뉘어요.

주맥 : 잎몸에 여러 굵기의 잎맥이 있을 경우 가장 굵은 잎맥을 말해요. 보통은 잎의 가운데 있는 가장 큰 잎맥을 가리켜요.

측맥 : 중심이 되는 가운데 주맥에서 좌우로 뻗어나가 잎맥을 말해요.

휴면기 : 식물이 원래의 기능을 활발히 하지 않고 발육을 정지하며 쉬는 기간을 말해요. 대체로 겨울과 함께 시작되는 식물이 많지만 식물 종류에 따라서 여름이 휴면기인 식물도 있어요. 또 환경조건에 따라서 하는 강제휴면과 식물체내의 원인에 의해 하는 자발적 휴면이 있어요. 구근식물이나 단풍나무, 소사나무 등은 잎을 떨구고 앙상한 가지로 자발휴면을 하는 반면 잎을 떨구지 않고 휴면을 하는 식물도 있습니다. 또 수입 유통 등을 위해 뿌리와 줄기 등을 자르고 흙에서 분리해 강제휴면을 하기도 합니다.

한해살이 : 주로 봄에 싹이 나서 그해 가을에 열매를 맺고 시들어 사라지는 식물로 나팔꽃, 봉숭아, 한련화 등이 있어요.

여러해살이(다년생) : 해마다 잎과 줄기는 죽어도 뿌리는 생명력을 갖고 있어 겨울을 보낸 후 이른 봄에 싹이 나와서 성장을 되풀이 하는 식물을 말해요. 한해살이와 달리 2년 이상 생존하는 식물을 말해요.

나무와 풀의 차이 : 목본류와 초본류로 불리는 나무와 풀은 다른 성격을 갖고 있어요. 나무는 다년생으로 줄기와 가지로 골격을 갖고 성장합니다. 계절에 변화가 있어도 줄기와 가지는 계절을 견딘 뒤 세포분열이 왕성해지고 해마다 싹과 잎이 나와 성장합니다. 반면 풀은 그런 골격이 없고 주로 겨울이나 여름 등 계절에 영향을 받아 마릅니다.

늘푸른떨기나무 : 사계절 내내 잎이 푸른 관목을 말해요

관목 : 키가 중간 이하인 나무를 말해요. 관목은 키가 다 커도 5~6m 이상을 넘지 않아요. 숲에서는 주로 키가 큰 나무 밑에서 자라고, 바위 사이나 산 능선에서도 자라요. 관목은 키가 작게 크는 대신 가지를 많이 치는 특성이 있어요. 진달래, 무궁화, 장미, 피라칸타, 철쭉, 쥐똥나무, 생강나무, 층꽃나무 등 종류가 많아요.

교목 : 키가 8m 이상으로 크게 자라는 나무를 말해요. 대기로 부터 탄소를 흡수해 지구온난화를 늦추고, 동식물의 서식지를 제공해요.

조매화(鳥媒花) : 벌과 나비가 아닌 새에 의해서 꽃가루가 암술머리에 운반되는 꽃을 말해요. 동백나무와 바바나 등이 해당되는데 국내에는 주로 동백나무가 조매화의 대표로 손꼽혀요.

가드닝을 위한 기본적인 준비
무엇이 필요할까요?

흙

식물을 키우는데 필요한 흙은 종류가 다양합니다. 식물 성장에 맞게 질석, 펄라이트, 액비 등 여러 종류를 섞은 일반 분갈이 흙부터, 물 빠짐이 좋고 서양난이나 착생 식물에 많이 활용되는 나무껍질을 자른 바크도 있습니다.

백태, 자연이끼, 인조이끼 등 여러 종류 이끼는 바크처럼 착생식물을 키우는 건 물론 장식 소품에도 쓰입니다. 크기가 다른 돌은 물 빠짐이 좋아야하는 식물 키우기 외에도 수경재배와 큰 화분이나 선인장 장식 등 여러 용도로 쓰입니다. 키우는 식물 종류따라 사용하는 흙은 다르지만 기본적으로 일반 분갈이 흙과 마사 몇 종류가 함께 있으면 좋습니다.

일반 꽃집에서 쉽게 구입할 수 있는 분갈이용 흙에는 식물 성장에 필요한 여러 영양성분과 펄라이트, 건조 분쇄된 나뭇가지 등을 포함해 다양한 성분이 추가되어 살균, 소독되어 있습니다. 관상용 식물을 키울 때는 해당 식물에 맞는 전용 흙을 구입해 사용하시면 좋습니다.

흙의 여러 가지 종류

- **배양토** : 식물을 재배하기 위해 유용한 영양성분을 골고루 배합해 만든 흙입니다.
- **마사** : 주로 다육식물이나 선인장 등에 많이 사용되는데 물빠짐이 좋은 흙을 사용해야하는 식물에 섞어서 다용도로 이용되고 있습니다. 가는 세립, 보통 정도의 중립, 미세흙을 세척 건조한 세척마사 등 필요에 따라 선택할 수 있습니다.
- **난석** : 화산석을 선별한 가벼운 경량토로 난 분갈이, 배수용 등의 용도로 사용됩니다.
- **바크** : 소나무나 잣나무 등의 껍질을 잘라 놓은 것으로 난류의 상토로 이용하거나 관엽식물 상토에 섞어 사용합니다. 바크 등 우드칩 종류는 미생물 번식도 활발하고 유기물을 공급하는 역할을 합니다.
- **화산석** : 구멍이 많아 배수성이 좋고 장식효과도 있어 크기별로 다양하게 사용할 수 있습니다.
- **하이드로볼** : 점토와 물을 혼합해 1,000도 이상의 고온에서 구워낸 인공토입니다. 식물에 산소 전달이 잘 되지만 하이드로볼 자체만으로는 영양분이 적어서 수경재배나 장식 등 보조용토로 사용할 수 있습니다.
- **펄라이트** : 진주암을 높은 온도로 튀긴 미세구멍이 많은 가벼운 경량토에요. 배수성, 보수성, 통기성 등이 좋아 잔뿌리 발생에도 도움이 됩니다.
- **수태** : 미생물이 많이 포함되어 토피어리나 난 종류 등에 상토대용으로 사용됩니다. 주로 압축형태로 많이 수입 판매되는 수태는 다양하게 활용할 수 있습니다.
- **코코칩** : 코코야자 열매의 껍질을 잘게 잘라서 블록으로 압축시켜 만든 천연섬유질입니다. 습도유지 역할도 해서 식물에게 좋습니다. 립살리스 종류에도 많이 사용합니다.

배양토

세척마사

펄라이트

수태

비료와 영양제

비료는 인산(P), 질소(N), 칼륨(K)으로 구성되어 있습니다. 보통 한 가지 성분으로 이루어진 단일비료와 여러 성분이 혼합된 화성비료로 나누어집니다. 시중에는 액체형태의 액비와 흙 위에 올려두는 고형비료, 작은 알갱이 비료 등이 많이 유통됩니다. 인산성분은 주로 꽃과 열매에 작용하고 질소 성분은 잎과 줄기의 생장에, 칼륨은 뿌리의 생장과 면역력에 영향을 미칩니다. 농장이나 다량 생산 등이 아닌 관상용 식물이라면 모든 식물에 비료가 필요한 게 아니므로 꼭 필요할 경우만 사용하면 됩니다.

다양한 가드닝 도구

▶ **온도계** : 한여름이나 한겨울 등 필요한 시기에 식물이 있는 곳의 온도를 쉽게 확인하는 데 유용합니다.
▶ **양철바스켓** : 작은 화분 분갈이 등 다양하게 활용할 수 있어요.
▶ **빗자루** : 평소에는 소품으로 분갈이 후에 청소용으로 활용하기 좋아요.
▶ **모종삽** : 크기·색감 등 여러 가지가 있어요. 용도대로 몇 가지 구입해서 쓰면 좋아요.

- 물받침, 깔망, 흙삽 3~5종, 전지가위, 핀셋, 분무기, 물통
- 스푼, 스트로우, 분갈이 바스켓
- 기타 : 생수통 등 쓰임 좋은 생활용품

여러 종류의 물통

시중에 판매되는 정원용 물조리개는 물론 일반 플라스틱 용기 등 크기와 모양을 다르게 구입해서 식물의 특성에 맞게 사용하는 것이 좋아요. 예를 들어 율마나 침엽수 등 물을 좋아하는 식물에는 한 번에 많은 용량이 들어가는 물통을 사용하면 유용해요. 반면 물을 적게 먹는 다육식물과 괴근식물 등에는 작은 물통을 사용하는 것이 좋아요. 이렇게 식물 특성에 따른 물통 사용은 식물을 더 건강하게 관리하는데 도움이 됩니다.

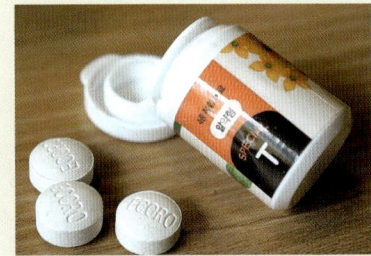

화분의 종류와 특성

플라스틱

플라스틱 화분은 가볍고 비교적 가격 부담이 적어요. 농장 등에서 식물을 식재해 유통하거나 가정 등에서 가볍게 사용하기 좋아요. 종류나 모양도 다양해서 키우는 식물에 따라서 형태와 크기를 선택하면 됩니다.

도자기

도자기 화분은 표면에 유약을 발라 고온에서 구운 화분이에요. 오래전부터 많이 사용된 화분 종류 중에 하나입니다. 관엽식물이나 난, 침엽수 등 다양한 식재에 이용되고 있어요.

토분(테라코타)

황토흙에 유약을 바르지 않고 고온에 구워내서 시간이 지날수록 색감도 자연스러워지는 특성이 있어요. 요즘은 황토색 외에도 검정이나 핑크, 초코 등 다양한 컬러가 있어요.
토분은 만드는 방법에 따라서 기계 토분과 수제 토분으로 나눌 수 있어요. 기계 토분은 가격부담이 적다는 장점이 있어서 큰 식물이나 많은 식물을 키우는 경우 유용하게 쓸 수 있어요.
수제 토분은 물레를 돌려 손으로 직접 만든 토분이에요. 크기나 화분의 모양, 장식 등 다양한 특징이 있어요. 반면 가격 부담이 기계 토분보다 높아요. 수제 토분은 실용성보다 디자인에 중심을 둔 경우도 있어서 식물 특성과 식재 후 관리나 분갈이 시 문제가 없는지 등을 고려해 선택하면 됩니다. 간혹 모양은 예쁜데 목 부분이 몸체에 비해 지나치게 좁아 나중에 식물을 빼낼 수가 없어 깨고 분갈이를 하는 경우도 있어요. 요새는 인테리어용으로도 토분을 쓰지만 식물 식재만을 주요 용도로 쓴다면 모양의 고려도 필요합니다.

친환경화분

주로 더운 지역에서 나는 코코넛같은 천연재료를 원료로 만든 화분이에요. 물빠짐이 좋고 친환경이라는 장점이 있지만 사용할 수 있는 식물이 제한적이에요. 물을 좋아하거나 성장이 빠른 식물에는 적합하지 않은 경우가 있어요.

캐릭터화분

애니메이션 등의 캐릭터를 바탕으로 만든 화분이에요. 화분의 용도로 만들었지만 식물을 심는 것보다 가드닝 공간에 놓는 것만으로도 분위기를 살리는 경우가 많아요.

공간마다 다른 특성을 알아볼까요?

햇빛의 비밀

식물의 일상 : 자리이동하기, 바람을 느껴요.

식물은 스스로 이동을 하거나 환경을 바꿀 수가 없어요. 특히 야외 정원이 아닌 베란다의 제한된 공간, 작은 화분에서는 더 그래요. 그래서 계절 따라, 혹은 주변에 놓은 화분에 따라서 방향을 바꾸거나 자리이동을 하는 게 꼭 필요해요. 위치를 바꾸지 않아도 가끔은 욕실 등으로 들여서 물도 흠뻑 주고, 계절에 따라 햇빛을 받는 방향을 이리저리 돌려주는 것만으로도 식물에게 건강한 환경을 주는데 도움이 됩니다.

식물과 함께 할 곳의 특성을 잘 알고 식물을 키우면 더 좋아요.

주택의 야외 정원

식물을 키우는 많은 사람들이 원하는 공간 중 한 곳이에요. 지역에 따른 제한이 있지만 주로 한겨울을 제외하면 많은 식물이 햇빛과 바람을 느끼며 건강하게 지낼 수 있어요. 땅에 직접 심는 종류와 큰 화분에 식재하는 종류를 달리하면 좀 더 다양한 정원을 연출할 수 있어요.

옥상

수도가 있는지에 따라 식물의 종류를 정해 키우기 좋아요. 수도가 없어서 물 공급이 수월하지 않다면 물을 많이 주는 식물이나 대형 식물은 피합니다.

아파트 베란다

남향 : 겨울에는 해가 많이 들고 여름에는 해가 적게 들어 사람은 물론 식물이 살기에도 장점이 많아요. 키울 수 있는 식물의 종류도 관엽부터 율마, 선인장, 제라늄 등 선택의 폭이 넓어요. **동향** : 주로 정오까지 햇빛이 많이 드는데 식물이 뜨는 해와 지는 해의 영향을 받아요. **서향** : 오후 햇빛이 집안 깊숙이 들어오는 구조예요. **북향** : 햇빛의 양이 적어 식물이 사계절을 건강하게 나기 쉽지 않을 수 있어요. 햇빛이 적어도 잘자라는 종류를 선택하거나 식물생장용 조명을 이용하면 도움이 됩니다.

아파트 확장형 거실

방향에 따른 차이는 있지만 실내 공간에 포함되다보니 식물을 키울 때는 종류나 크기 등에 따른 고려가 필요해요. 예를 들어 율마를 확장형 거실에서 키운다면 잎의 통풍 등을 고려해야 하므로 중품이상으로 큰 것보다 작은 크기를 선택합니다.

사무공간

창문이 있는지, 또 창이 있다면 크기를 확인합니다. 또 창이 열리는 지에 따라서 키울 수 있는 식물 종류나 양을 선택할 수 있어요. 주로 주말에는 사람이 있는 경우가 적으므로 물을 많이 좋아하는 종류보다 선인장, 스킨답서스, 수경식물 등이 좋아요.

상업공간

많은 사람들이 드나드는 특징이 있어서 식물이 주는 인테리어 효과와 편안함이 중요한 역할을 해요. 야외 테라스가 있다면 공간의 특성을 살려 상록성 나무나 침엽수 등을 놓고 계절따라 작은 꽃 화분을 놓아도 좋아요. 실내만 있다면 관리가 너무 어렵지 않고 잎이 비교적 깔끔하게 유지되는 종류를 소품과 함께 활용합니다. 계절성 요인을 크게 보이는 식물이나 관리가 많이 요구되는 종류보다 식물의 특성을 고려해 조금씩 양을 늘려가는 것도 좋아요.

식물의 다양한 번식

식물이 종류마다 개체를 늘리는 번식 방법이 달라요. 씨앗으로 발아를 해서 잎과 줄기, 뿌리 등을 갖추며 성장하는 종류부터 꺾꽂이, 잎꽂이, 포기나누기 등 다양한 방법이 있어요.

씨앗번식

식물의 원래 씨앗을 심어서 그 종자로 번식하는 방법이에요. 주로 식물의 열매나 꽃씨 등에서 얻은 씨앗을 흙에 심어 싹으로 시작해 키웁니다.

꺾꽂이(삽목)

줄기 일부분을 꺾어서 성장을 시키는 방법이에요. 삽목도 같은 방법이에요. 아이비와 스킨답서스, 제라늄 등 다양한 식물을 쉽게 번식하기 좋아요.

휘묻이 번식

식물을 꺾지 않고 휘듯이 한 부분을 흙에 묻어 뿌리를 내려 다시 하나의 개체로 번식시키는 방법이에요. 주로 덩굴성 식물의 줄기의 마디 사이에 뿌리가 나기 좋은 조건이에요.

접목(접붙이기)

서로 다른 개체의 두 나무를 하나로 연결하는 것을 말해요. 바탕이 되는 뿌리쪽 식물이 밑나무가 되고 위에 갖다 붙이는 접지 식물이 만나 새로운 하나의 개체가 되는 기술이에요. 일반 과실수는 물론 선인장 등 다양하게 활용됩니다.

포기나누기

주로 뿌리쪽 성장이 왕성한 식물의 번식방법이에요. 뿌리를 단위로 한 식물의 낱개를 일컬어 '포기'라고 하는데 이렇게 포기로 번식 하는 식물은 하나의 포기가 잘 자라면 해마다 땅속의 뿌리줄기에서 새싹이 나와서 새로운 개체를 만들어요. 그 개체가 어느정도 성장하고, 뿌리에서 난 여러 개의 움을 뿌리와 함께 나누어 따로 독립시켜 번식하는 방법을 말해요. 모든 식물이 포기나누기가 되는 게 아니라 포기나누기에 적합한 식물이 별도로 있어요. 주로 반딧불털머위나 휴케라 같은 종류의 번식법으로 좋아요.

잎꽂이 번식

어미화초에서 떼어낸 건강한 잎을 배양토에 꽂아서 번식하는 방법이에요. 바이올렛, 다육식물 등이 잎꽂이 번식을 많이 하는 식물이에요.

자구번식

모체의 뿌리에서 올라온 개체나 줄기에서 새로 나는 개체를 분리해서 번식하는 방법이에요. 필레아 페페로미오이데스 같은 식물이 주로 자구번식을 많이 해요.

궁금해요!
친절한 식물 상담소

식물을 키우다보면 궁금증이 하나, 둘 늘어나는데요. 주로 집 등의 개인공간에서 키우다보니 궁금함이 생겨도 금세 해결하기 어려울 때가 있죠. 또 화훼단지나 꽃집을 방문해 식물과 화분, 흙 등을 구입할 때는 소비자로서 알고 가면 더 좋은데요. 꽃집 등을 운영하는 분들이 식물과 화분에 대해 모든 걸 다 알고 계신 분도 있지만 그렇지 않은 경우도 있으므로 화분과 흙 등에 대해 알고 선택하면 더 좋습니다. 친절한 식물 상담소에서 식물과 흙, 화분, 분갈이, 물 주는 방법, 좋은 화초 고르기 등 가드너에게 꼭 필요한 공부를 함께 해요.

 나에게 적합한 식물은 무엇일까요?

식물을 키우고 함께 할 그 장소의 특성부터 제대로 파악하는 게 좋아요. 집안이라면 공간의 특성에 맞는 식물을 선택해야해요. SNS 등을 통해 외형을 보고 마음에 들어 구입했지만 우리집 환경에서는 잘 자라지 않거나 잘못되면 속상한 것은 물론 가드닝의 의욕도 사라질 수 있어요.
베란다나 해가 좋은 창가가 있는지를 고려하고, 집에 머무는 시간이나 가족 구성원도 고려하면 좋아요. 예를 들어 남향의 넓은 베란다가 있고 그곳을 활용할 수 있다면 식물 선택의 폭이 넓어져요. 반면 햇빛도 적게 들고 통풍도 부족하다면 침엽수나 허브 쪽보다 수경식물이나 빛이 적어도 잘자라는 품종을 선택하는게 좋아요.

 식물을 잘 키우는 방법은 무엇인가요?

우선 키우고자 하는 식물이 어떤 종류로 분류되는지 정확히 알도록 합니다. 꽃집이나 온라인 등에서 다양한 식물이 판매되고 있지만 자세한 관리법은 알려주지 않거나 아주 간단하게 소개할 때가 있어요. 만약 식물을 한 포트 들였다면 그 식물이 침엽수인

지, 선인장이나 다육식물인지, 꽃식물인지, 괴근식물인지를 구분한 후 그에 맞는 관리법을 찾아봅니다. 예를 들어 더운지역이 원산지인 괴근식물을 들였다면 기온이 내려가는 겨울에는 성장을 멈추고 휴면을 하므로 그에 맞게 물 공급 등을 줄이고 봄부터는 햇빛과 수분의 양을 늘려서 관리하면 됩니다.

식물에게 물을 주는 올바른 방법이나 시간이 따로 있나요?

식물의 특성이나 계절에 따른 차이가 있어요. 가끔 꽃집 등에서는 며칠에 한 번만 줘도 잘 자란다고 해요. 하지만 식물의 특성을 정확하게 알고 화분의 크기와 계절을 고려하는 것이 중요해요. 적당히 물을 줘서 잘 자라는 식물은 별로 없어요. 있다고 해도 비교적 수월한 식물이 주변의 환경이나 화분의 크기 등과 딱 맞아서 그렇게 느껴진 것일 수도 있어요. 예를 들어 선인장이나 다육식물은 물을 그리 좋아하지 않는 식물이라 한동안 물 관리를 안 해도 이상이 없어요. 하지만 그 외의 관엽식물이나 침엽수 등은 그 특징과 크기에 따라서 물을 잘 주어야 건강하게 키울 수 있어요.

물을 주는 시간은 오전을 이상적인 시간으로 꼽지만 베란다 등에서는 시간을 너무 의식하지 않아도 됩니다. 밤시간은 피하면 좋지만 퇴근 시간이 늦거나 여러 원인으로 낮시간에 물을 줄 수 없다면 밤에라도 물을 주어야 합니다.

▶ **꽃을 위주로 보는 식물** : 물을 줄 때 꽃에는 물이 닿지 않게 하고, 흙에만 흠뻑 줍니다. 꽃이 핀 식물은 물이 부족하지 않아야 오래 볼 수 있어요.
▶ **선인장** : 화분 가장자리로 물을 주면 과습을 예방할 수 있어요.
▶ **관엽식물** : 조금씩 자주 주는 것보다 화분의 겉의 흙이 바싹 마르면 흠뻑 줍니다.
▶ **침엽수** : 물이 부족하면 뾰족한 형태의 잎에 수분이 빠지고 손상이 올 수 있으므로 겉의 흙이 마르면 흠뻑 줍니다. 과습보다 건조로 인한 손상이 많으므로 화분의 흙이 너무 건조한 상태로 오래 있지 않도록 물 관리를 합니다.

식물의 분갈이 시기는 언제가 좋을까요?

주로 봄에 가장 많은 식물이 나오지만 요즘은 계절 구분 없이 유통되는 종류도 많아서 꼭 분갈이 시기가 정해져 있지는 않아요. 화분이 작은 썰프레아나 삼나무 등을 여름에 구입했다면 더 큰 화분에 분갈이를 해야 건강하게 자랍니다. 다만 지나치게 더운 한낮이나 너무 추운 날을 피하고 분갈이 후, 여름은 한동안 강한 해를 피하고 추운 겨울철은 기온을 고려해 야외에 내놓는 시기를 늦춰야 합니다. 반면 구근식물이나 씨앗으로 키우는 식물은 그 종류에 따라 식재시기를 잘 맞춰서 심습니다.

병충해는 어떤 종류가 있고 치료나 예방법은 무엇인가요?

식물을 키우다보면 어쩔 수 없이 마주하게 되는 난감한 상황이 바로 식물에 생기는 병충해예요. 식물만 건강하게 자란다면 좋겠지만 그렇지 않을 때는 적당한 대처를 해야 식물의 손상도 줄이고 주변 다른 식물로 병충해가 번지는 것을 막을 수 있어요.

잘자라는 식물에서 벌레를 보는 것은 아무리 오래 가드닝을 해도 익숙하지 않아요. 언제나 깜짝깜짝 놀라게 돼요. 하지만 숨쉬는 흙과 살아있는 식물과 함께하다 보면 어쩔 수 없이 접하게 되죠. 병충해가 생기는 식물의 특성과 그 종류에 따라 처치법도 달라질 수 있으므로 미리 알고 대처를 하면 더 좋습니다.

▶ **응애** : 식물 잎에 흰색 반점이 생겨요. 너무 작아서 처음에는 잘 느끼지 못하다가 주변으로 많이 퍼졌을 때 알게 되는 경우가 많아요. 응애용 약을 구입해 희석해서 잎에 뿌리고 비닐 봉지를 씌운 후 물로 씻어 냅니다.
▶ **탄저병** : 식물의 잎 가장자리 위주로 색이 진하게 변하면서 타들어가는 느낌이 들어요. 주로 고무나무 등에서 많이 보여요. 지나치게 많이 번진 잎은 잘라내고 살균제를 사용합니다.
▶ **깍지벌레** : 식물의 줄기나 잎에 설탕물을 뿌린 듯 끈적이는 느낌이 나고 간혹 줄기나 잎에서 흰솜털같은 벌레가 함께 돌아다니는 모습도 보여요. 여러 줄기에 많이 퍼졌다면 근처 다른 식물은 이상이 없는지 확인합니다. 깍지벌레 흔적이 조금이라면 그 부위를 면봉 등으로 꼼꼼하게 닦아내고 물을 뿌려서 씻어냅니다. 그리고 깍지벌레 살충제를 뿌립니다.
▶ **흰가루병** : 백분병이라고도 하는데 식물의 잎이나 줄기에 흰가루 형태의 반점이 생기는 병으로 이름 그대로 흰가루가 생겨요. 다른 식물과 분리를 한 후 화원에서 살균제를 구입해 사용합니다.
▶ **온실가루이** : 아주 작은 흰나방처럼 생긴 온실가루이는 주로 잎 뒷면에 알을 낳아서 금세 발견하기 어려워요. 휴지나 물을 이

용해 잘 닦아낸 후, 온실가루이약을 구입해 사용합니다.

이 외에도 민달팽이나 지렁이를 발견할 수도 있어요. 민달팽이는 식물의 잎을 갉아먹고 해를 줍니다. 보이면 잡아서 없애는 게 가장 좋아요. 지렁이도 화분흙과 주변에서 볼 수 있어요. 지렁이가 있다는 건 흙이 건강하다는 이야기예요. 지렁이는 주로 화분 바닥면 배수구로 나오는데 그걸 예방하기 위해서는 바닥면에 구멍이 촘촘한 깔망을 한 번 더 깔면 도움이 돼요. 즉 검은 일반 깔망을 놓기 전 양파망 같은 촘촘한 깔망을 깔아주세요.

식물의 병충해는 완전히 피할 수는 없지만 예방을 하는 것도 좋아요. 우선 식물 특성이나 높낮이 등을 고려해 간격을 두고 배치합니다. 식물을 식재할 때는 너무 빽빽하게 심지 않아요. 그리고 시든 꽃이나 잎은 따고, 뿌리 가까운 줄기의 가지치기를 합니다. 무엇보다 우리집 환경에 맞는 식물을 선택하고, 식물의 특성에 맞게 관리하며 자주 살펴봅니다.

식물도 안 예쁠 때가 있는데 왜 그럴까요?

우리가 자고 일어나 컨디션이 안 좋을 때가 있고 또 날씨에 따라 기분이 다르듯이 식물도 그럴 때가 있어요. 물론 사람처럼 컨디션이 바뀌는 건 아니지만 계절에 따라서 또 날씨에 따라서 성장기나 휴면기 등 때에 따라서 다릅니다. 우리가 구입한 옷이 쇼핑센터의 멋진 환경을 갖춘 상태에서 마네킹이 입고 있을 때가 다르고 온라인에서 본 모습과 다른 경우가 있듯이 식물도 그런 경우가 있어요. 우선 식물을 가장 예쁘고 건강하게 보고 싶다면 내가 원하는 장소보다 식물이 있어야할 자리에 놓고, 특성에 맞게 올바른 물주기와 가지치기, 분갈이 등을 해주세요.

잡지처럼, 가드닝 책처럼 키울 수는 없나요?

온라인의 멋진 사진이나 가드닝 도서 등을 보고 구입했는데 처음과 달리 식물 모양이 흐트러지고 예쁘지 않은 경우가 있어요. 그건 식물이 제조된 공산품이 아닌 살아있는 생명이기 때문이에요. 생명을 유지하기 위해서 흙 속에서 뿌리 활동을 하고 또 계절에 따라서 줄기나 잎의 모양이 변하기 때문에 자연스러운 현상입니다. 다만 단순히 내 시야에 놓고 보고 즐기기 위해서 빛이 적은 곳이나 적합하지 않은 장소에 둬서 문제가 생긴거라면 식물에게 맞는 장소로 옮겨주세요. 봄에 핀 구근 식물의 꽃은 시간이 지나면서 시들어 구근이 휴면을 하게 되고, 침엽수는 자라며 많은 잔가지가 생기며 뿌리도 몸집도 커져요. 그때는 꽃이 진 구근을 시원한 곳에 두고, 침엽수는 분갈이와 가지치기 등 손질을 해야 건강하게 볼 수 있어요.

🌱 식물과 화분 : 화분 선택이 고민이에요

내가 키우는 식물에 어떤 화분이 좋을까요? 식물 별로 정해진 화분이 따로 있는 건 아닙니다. 하지만 식물의 종류와 형태, 크기, 색감 등을 고려해 적절한 화분에 식재를 하면 더 좋습니다. 눈길이 가고 그만큼 관심과 관리 등에 신경도 더 쓰게 되어 건강하게 오래 함께 하는데도 도움이 됩니다.

예를 들어 물을 많이 주고 성장이 좋은 식물은 특성을 고려해 호리병처럼 길쭉한 항아리 형태로 목부분이 좁은 건 피해야 물관리, 분갈이 등도 수월하고요. 또 화려한 색감의 꽃이 피거나 식물 자체 개성이 강하다면 장식이 너무 튀지 않는 화분이 적당합니다.

즉, 식물 특성을 고려해서 기본형, 항아리형, 실린더 등 내가 좋아하는 취향까지 맞춰 식재를 하면 됩니다. 토분이나 유약분 등 식물을 무조건 잘 자라게 하거나 그렇지 않은 화분이 따로 있는 건 아니므로 식물의 성장과 외적 어울림 등을 고려해 식재를 하고 그에 맞게 물관리 등을 하면 좋아요.

요즘은 다양한 디자인의 화분들이 나와 보는 즐거움은 있지만 식물을 식재한 후 나중에 분갈이 등이 어렵거나 특정 식물에 적합하지 않은 것도 있으므로 살아 있는 식물에 대한 고려가 우선이 되면 좋습니다.

🌱 식물과 흙

식물을 처음 구입하거나 분갈이를 할 때 어떤 흙을 사용해야할지, 또 서로 다른 흙의 비율을 어떻게 해야할지 고민될 때가 있어요. 우선 식물의 종류부터 정확하게 알고 난 후, 식물이 뿌리를 내리고 있는 흙이 어떤 종류인지 파악합니다. 일반 관엽식물인지, 꽃식물인지, 선인장인지 큰 틀에서 구분한 후 흙을 정하면 됩니다. 관엽식물은 화원에서 판매하는 일반 분갈이용 흙을 씁니다. 선인장이나 다육식물 종류라면 물빠짐이 잘 되어야 하므로 마사의 비율을 높이면 좋아요. 과습 등의 걱정이 없는 침엽수는 일반 분갈이용 흙 등을 사용합니다.

🌱 적절한 식물의 배치 방법이 있나요?

식물을 배치하는 방법이 따로 있지는 않지만 공간의 특성을 우선 고려해야합니다. 야외 정원이 있는 곳이라면 땅에 심는 식물과 화분에 따로 심는 식물의 비율을 맞추면 좋아요. 또 베란다 창가라면 해가 잘 드는 방향으로 놓고 거실이나 전실 등을 식물과 연관해 배치를 합니다. 가드닝은 일반적인 수확을 목적으로 하는 것이 아닌 즐기는 취미의 활동이므로 선반, 좋아하는 소품, 식물의 양을 잘 조절해 배치하면 좋아요.

🌱 며칠 동안 여행을 가야하는데 식물이 걱정이에요.

집에서 많은 종류의 식물을 키우면서 길게 집을 비우는 여행은 걱정할 게 많아요. 우선 계절을 고려합니다. 아주 더운 계절인지, 또 식물의 종류가 어떤 것이 있는지, 화분의 크기는 어떤지를 메모지 등에 적습니다. 한여름이라도 보통 3~4일 정도는 예방 조치를 취할 수 있어요. 선인장이나 다육식물 등은 물 걱정을 크게 하지 않아도 되고, 관엽식물과 침엽수는 화분을 살펴본 후, 종류에 따라 미리 식물이 수분을 많이 보충할 수 있도록 해주세요. 특히 침엽수는 과습에 강해서 여행 며칠 전부터 물의 양을 늘리는 것도 좋은 방법이에요. 하지만 5일이상 길어지고 집안에 아무도 없어 문을 모두 닫고 간다면 다른 방법을 선택해야 합니다. 단골 화원이나 화훼단지 꽃집의 유료 키핑장을 이용하는 것도 방법입니다.

🌱 인공조명만으로도 식물을 키울 수 있나요?

요즘은 다양한 식물 성장용 조명이 개발, 판매되고 있어요. 햇빛이 조금 부족한 곳이라면 식물용 LED 등을 보조로 사용하면 돼요. 하지만 빛이 전혀 없는 곳에서 인공조명만으로 오래 키우기는 쉽지 않아요. 또 식물의 종류에 따른 차이가 있어요. 겨울에 일시적으로 빛을 추가 공급하는 역할은 할 수 있지만 인공조명에만 의지해 키우기는 어려운 부분이 많아요.

창문이 있어도 햇빛이 적거나 별로 없는 곳이라면 식물을 키우기가 망설여지죠. 이런 장소라면 빛이 적어도 잘 자라는 식물을 선택해요. 흔히 스킨이라고 불리는 스킨답서스 종류나 상록넉줄고사리, 필로덴드론 실버메탈, 파키라, 스파티필름 등이 적당합니다. 이때는 기본적으로 설치된 형광등 외에 식물의 성장을 돕는 전용 식물등을 추가로 설치하면 도움이 됩니다.

🪴 초보자가 홈가드닝을 즐겁게 할 수 있는 방법이 있나요?

우리집 공간의 특성을 잘 알고 그에 맞는 식물을 적절히 들이는 것이 첫번째입니다. 특히 어렵지 않게 관리할 수 있는 종류를 선택합니다. 자칫 다른 사람이 키우는 식물이나 온라인 상에 돋보이는 식물을 무턱대고 들이지 않아야해요. 또 식물과 관련한 용품이나 화분 등에 쓰는 비용도 잘 생각해 현명하게 들입니다. 처음부터 호기심으로 비싼 식물을 고르고 화분에 많은 돈을 들여 가드닝의 즐거움을 제대로 느끼지 못하게 돼요. 일찍 손을 놓는 일이 생기지 않도록 하는 것이 좋아요. 키우는 방법에 대해 온라인 검색을 무턱대고 하는 것보다 믿을 만한 정보가 있는 사이트와 가드닝 책 등을 참고하면 좋아요. 가드닝 책도 다양해서 선택이 어렵다면 도서관 등에서 빌려보고 그 책의 정보와 여러 가지가 마음에 든다면 그때 구입해 소장하며 틈틈이 보면 됩니다. 특정 식물이나 화분의 모습만 보고 무분별하게 들이거나 관심을 가질 경우 비용은 물론 관리의 어려움도 있어요. 믿을 만한 정보와 자제력이 요구될 때도 있으므로 현명하게 사용하는 지혜가 필요해요.

🪴 계절별로 준비할 일은 무엇이 있나요?

베란다에서 홈가드닝을 한다면 계절에 따른 준비가 많지는 않지만 한여름에는 베란다 온도를 체크하고 물주는 양이나 방법을 미리 알아두면 좋습니다. 또 겨울에는 지역을 고려해 거실 등으로 들여야 하는 종류는 미리 들여서 냉해를 예방해요.
야외 정원이 있는 곳이라면 가지치기가 필요한 식물은 가을에 낙엽이 진 후에 가지치기를 합니다. 그리고 초겨울에는 실내로 미리 들일 식물 등을 체크해 냉해를 예방합니다.

🪴 화원에서 좋은 화초를 고르는 방법이 있나요?

큰 규모의 화훼단지나 꽃집이 있다면 그곳을 찾는 게 좋아요. 아무래도 규모가 있어서 선택의 폭이 넓어요. 관엽식물을 산다면 줄기와 잎이 건강하면서 작은 연질화분 아래쪽으로 뿌리가 나온 것을 골라요. 식물 자체는 물론 뿌리도 튼튼한 것을 골라야 합니다. 반면 봄, 가을 등에 꽃식물을 산다면 꽃이 너무 많이 핀 것보다는 꽃봉오리는 크고 많으면서 꽃은 덜 핀 걸 골라야 오래 볼 수 있어요.

나만의 식물아지트, 식물 공간 만들기

공간 활용하기

우리는 생활 패턴이나 가족 수에 따라서 다양한 주거공간에서 살고 있어요. 집안이나 일하는 곳 등에 가드닝 전용으로 자유롭게 쓸 공간이 많다면 다행이지만 그게 아니라면 제한이 생길 수밖에 없어요. 나에게 마련된 공간적인 부분을 고려해서 나만의 식물 공간을 만들어 보는 것도 좋아요.
식물 뿐만 아니라 자신의 취향을 고려하여 책이나 소품, 토분 등을 적절히 배치해 나만의 식물공간을 꾸며 봅시다. 꼭 특별한 물건이 아니라도 작은 선반이나 의자 등을 놓으면 나만의 아지트가 되어요..

좋아하는 화분과 소품 활용하기

저는 토분을 좋아해요. 유약을 바르지 않고 구워 낸 토분 특유의 느낌이 좋아요. 그래서 여러 토분을 찾아 먼 도시도 열심히 다니며 구입하고 모으며 알아가기도 했어요.
요즘은 국내에 수제 토분사들이 많이 생겼어요. 가드닝 하는 분의 수요에 맞게 수제 토분사가 늘어나서 소비자의 선택권도 넓어지고 좋은 점이 많아요. 저도 오래전부터 몇 곳의 수제 토분을 구입해 사용하는데요. 수제 토분에 식물을 심어 키우기도 하지만 장식으로 두거나 소품으로 활용할 때도 있어요.
집 베란다는 식물들이 빼곡하게 자리해 저마다의 역할로 바쁘고 현관 입구에는 이렇게 하나, 둘… 시간이 날때마다 조금씩 쌓고 정리한 토분과 소품들이 있어요. 제가 가지고 있는 여러 토분과 소품은 가드닝을 좋아하는 지인을 만날 때 하나씩 들고 가기도 하고, 가드닝 강연을 갈 때 선물하기도 해요.
시간이 지나도 변함없는 저만의 식물 공간을 보며 오늘도 가드너의 하루를 시작합니다.

현관 전실의 토분과 식물 공간

chapter 01

일상으로 정원을 들이다
: 집 안의 작은 숲

생활 하는 공간, 가장 편안한 곳,
많은 시간을 보내며 일하는 곳에 화분과 소품으로
나만의 작은 숲을 만들어요.
내가 보내는 손길을 받아 식물이 자라고 숨 쉬는 그곳에서
차를 마시고 책을 넘기며 행복을 느껴보세요. 나만의 작은 숲에서요.

1. 한련화
Tropaeolum majus

한련화 꽃봉오리

작은 바람에도 한들거리는 잎은 둥근 방패 모양을 닮았어요. 속명의 'Tropaeolum'은 그리스어 'tropaion(트로피)'의 뜻으로 방패같은 잎과 투구 같은 꽃의 형태에서 유래되었다고 해요. 잎은 긴 줄기 끝에서 동글동글 모여 있는데 그 자체만으로도 참 예뻐요. 한련화는 햇빛이 좋은 곳에 풍성하게 모아심기를 하면 봄부터 가을까지 즐겁게 볼 수 있어요. 줄기는 위로 길게 자라며 덩굴성을 갖고 있어요. 다년초가 아닌 한해살이 식물인 한련화는 날이 서늘해지면 잎과 줄기가 모두 시들어요. 이때 잘 여문 꽃씨를 받아 말린 후 다음해 이른 봄 파종을 해도 좋아요.

한련화의 꽃은 주로 5월에서 7월에 피는데 잎과 꽃은 식용이 가능해요. 특히 예쁜 색감과 함께 철분과 비타민 C를 많이 함유하고 있어서 비빔밥 재료로도 쓰여요.

관리 팁

- ☀ **빛** : 밝은 빛을 좋아해요. 빛이 적으면 줄기의 힘이 약하고 꽃이 잘 피지 않아요. 또 진딧물이 생길 수 있어요. 야외 정원이 있는 곳이라면 풍성하게 심어서 꽃과 잎 등을 다양하게 활용해도 좋아요.

- 💧 **물** : 겉흙이 마르면 흙에 흠뻑 줍니다. 특히 잎이 무성하게 나고 꽃이 피기 시작하면 흙에 물이 부족하지 않아야 건강한 꽃을 오래 볼 수 있어요.

2. 아스파라거스 플루모서스
Asparagus Plumosus

부 들부들한 여린 잎의 아스파라거스 플루모서스는 줄기가 길고 가늘며 딱딱해요. 밝은 녹색의 부드러운 잎과 달리 줄기에 가시가 있고 덩굴성으로 자라는 특성이 있어요. 플루모서스는 국내에 유통되는 아스파라거스 종류 중에서도 원예품종으로 다른 꽃식물과 함께 꽃꽂이 재료로 이용되기도 해요. 하지만 마른 후 잎이 부스러지는 경우도 많으므로 다른 꽃과 드라이플라워로 사용할 때는 그 부분을 고려해서 활용하면 됩니다.

아래쪽은 줄기 사이 바람이 잘 통하게

관리 팁

- **빛** : 강한 햇빛을 피해 밝은 빛이 드는 곳이 좋아요. 기온이 높은 계절에 강한 해에 오래 노출되면 잎이 손상을 입어요.
- **물** : 겉흙이 바싹 마르면 흙에 흠뻑 줍니다. 물이 부족하면 부드러운 잎 끝이 갈색으로 마르며 손상이 옵니다.
- **줄기관리** : 덩굴성으로 자라므로 잘 자라면 줄기가 길게 뻗기도 합니다. 다른 식물과 함께 키운다면 지나치게 길게 뻗는 줄기는 가위로 자르거나 지줏대를 꽂아 관리합니다.

컵케이크처럼 소복한 잎 위로 잔꽃이 올라오는 걸 보면 그 아름다움에 마음을 빼앗기게 돼요.

3. 운간초
Saxifraga rosacea

운 간초는 여러해살이 식물로 봄이면 어린 잎 사이로 핀 잔꽃이 돋보이는 야생화예요. '운간초'라는 그 이름을 풀어보면 '구름 사이에 핀 꽃'이라는 뜻인데 전혀 어색함이 없죠. 작은 꽃이 아름다워 봄이면 꽃집에서 그냥 지나칠 수 없는 야생화죠. 꽃 색상도 흰색, 자주, 분홍, 노랑 등 다양한데 여러 색상을 한 곳에 모아 심어도 예뻐요. 야외 정원이 있는 곳이라면 항아리 형태의 화분에 소복하게 심어도 예뻐요. 베란다도 햇빛이 좋고 바람이 잘 통한다면 건강하게 볼 수 있어요.

선선한 환경을 좋아하는 운간초는 더운 계절에는 잎과 줄기가 시들며 힘이 없고 누렇게 변하기도 해요. 이때 지나치게 물을 많이 주거나 잘못되었다고 버리지 마세요. 시원한 계절이 오면 다시 생기를 되찾아요.

운간초는 일본 이름에서 유래되었다고 해서 우리말 추천명으로는 '천상초'라고 해요.

관리 팁

- ☀ **빛** : 밝은 빛을 좋아해요. 그늘보다 밝은 빛을 오래 볼 수 있는 서늘한 곳이 좋아요
- 💧 **물** : 꽃이 피었을 때는 너무 건조하지 않도록 흠뻑 줍니다. 꽃이 지고 기온이 올라가면 물주기를 줄입니다.
- 🌱 **기타 관리** : 꽃이 지고 나면 더워지는 날씨와 함께 잎이 누렇게 되고 녹아내리는 듯한 현상을 보여요. 그때는 물주기를 줄이고 누런 잎과 줄기는 제거한 뒤 서늘하고 밝은 곳에 둡니다.

봄가드닝의 즐거움을 느끼게 하는 운간초와 소품

4. 떡갈잎고무나무

Ficus lyrata

아프리카가 원산지인 떡갈잎고무나무는 큼직한 잎이 매력이에요. 얼핏 보면 바이올린이나 고대 현악기 모양을 하고 있어서 일반 고무나무 잎과는 다른 느낌이 있죠. 잎은 약간 우글쭈글하면서 크고 풍성해요. 위로 길게 자라는 특성이 있는 떡갈잎고무나무는 일반 가정의 거실이나 상업공간의 그린인테리어로도 사랑받고 있어요. 다만, 더운 지역 식물이므로 추위와 과습을 주의하며 관리해야 오래 함께 할 수 있어요.

새잎이 나서 성장하는 모습

관리 팁

- ☀ **빛** : 강한 햇빛을 피해서 밝은 빛이 드는 창가 쪽이 좋아요. 더운 지역 식물이지만 원예용으로 개량되어 더운 계절에 강한 햇빛을 많이 받으면 잎이 타면서 손상이 옵니다.

- 💧 **물** : 겉흙이 바싹 말랐을 때 흠뻑 줍니다. 겨울은 다른 계절보다 물주는 횟수를 줄입니다. 물을 지나치게 많이 주면 잎이 검게 변하며 떨어질 수 있습니다.

- 🪴 **화분** : 분갈이를 할 때는 나무 크기에 맞게 적당한 크기를 선택합니다. 또 외목대 수형의 큰나무라면 화분 위에 다른 식물을 함께 식재하거나 작은 화분에 늘어지는 식물을 심어서 얹어서 함께 키워도 좋아요.

5. 미니달개비, 핑크레이디
Commelina communis

닭 의장풀이라는 원명을 갖고 있는 달개비는 한해살이풀과의 식물로 그 종류도 많아요. 보라달개비, 삼색달개비, 털달개비, 와인달개비 등 잎의 크기나 색상에서 차이를 보입니다. 달개비의 많은 종류가 줄기 밑 부분은 옆으로 비스듬히 자라며 땅을 기는 듯 하고, 마디에서 뿌리를 내리며 가지가 갈라집니다.

시중에서는 미니달개비, 핑크레이디라는 이름으로 불리며 달개비과에 속하는 원예품종으로 개량되어 잔잎이 예뻐서 사랑받는 종류입니다.

대부분 닭의장풀인 원래 이름보다 달개비로 통칭되며 불리는 경우가 많아요. 유통되는 원예품종 외에도 길가나 풀밭, 냇가의 습지에서 자생하는 종류도 있어요.

관리 팁

- ☀️ **빛** : 강한 햇빛을 피해 밝은 빛이 있는 곳이 좋습니다. 특히 기온이 25도가 넘는 때 한낮 해에 너무 오래 노출되지 않게 합니다. 야생 달개비와 달리 원예품종은 강한 해에는 잎이 손상을 입습니다.

- 💧 **물** : 과습을 조심해야 합니다. 물이 지나치게 많으면 줄기와 잎 등에 손상이 오고 건강하지 않습니다. 겉흙이 아주 바싹 마르면 흠뻑 줍니다. 장마철이나 습도가 높을 때는 물주기를 조심합니다. 야외에서 자생하는 종류와 달리 원예용으로 유통되는 달개비는 화분에 식재되어 햇빛과 바람을 적게 받으므로 과습이 되지 않도록 관리합니다.

- ≈ **통풍** : 바람이 잘 통하는 곳에 두고 키웁니다. 특히 더울 때나 장마철 등 통풍이 잘 안 되면 속줄기 색상이 변하며 녹아내리는 듯한 증상을 보입니다. 과습이나 통풍부족이 의심된다면 베란다 창쪽 밝고 바람 잘 통하는 곳에 놓고 물주기를 한동안 중단합니다.

- ✂️ **삽목번식** : 마디 사이의 줄기를 잘라서 비교적 건조한 흙에 꽂듯이 심습니다. 강한 빛을 피해서 밝은 곳에 두면 뿌리가 튼튼히 내립니다.

페트병, 즉석밥 용기 활용하기

라탄바구니에 드라이플라워나 조화가 아닌 화분을 넣는다면 바닥면의 물받침으로 사용할 수 있도록 페트병이나 즉석밥 용기를 넣어주세요. 그 위에 화분을 놓으면 물을 줘도 깔끔하게 사용할 수 있습니다. 라탄은 곰팡이 등으로 손상을 입으면 원래대로 돌리기가 어렵습니다.

◀ 핑크레이디와 라탄바구니 활용하기
작은 라탄바구니 속에 음료 페트병을 잘라 속에 물받침으로 넣었습니다.

장미과에 속하는 피라칸타는 식물원이나 거리의 가로수 등에서도 쉽게 볼 수 있어요. 중국이 원산지인 늘푸른떨기나무로 가지에 특유의 풍성한 열매를 달고 있는 모습이 시선을 끌어요. 초여름부터 꽃이 피고 가을부터 열매가 달리기 시작하는데 겨울까지 오랫동안 볼 수 있어요. 열매는 꽃 못지않은 관상 가치가 있어서 베란다나 야외 정원 등에서도 멋스럽게 보기 좋아요. 비교적 오래 달려 있는 열매 때문에 수목원과 일부 지역에서 가로수를 피라칸타로 심기도 해요.

피라칸타를 주택의 야외 정원에 심는다면 땅의 면적과 특성을 고려해 키가 너무 작은 것보다 중간 정도 키가 좋아요. 실내 베란다에서 키운다면 작은 키의 수형을 선택해 너무 크지 않은 화분에 식재를 합니다.

피라칸타도 종류가 여러 가지 있어요. 잎 둘레에 흰색 무늬가 많이 있는 품종인 '할리퀸', 줄기가 비교적 곧고 크게 자라는 '빅토리'는 붉은색 열매가 많이 달려요. 피라칸타 '골든 챠머'는 노란색 열매가 열리며 정원수와 울타리용은 물론 베란다에서 키우기도 좋아요. 피라칸타 '콕키네아'(Pyracantha coccinea)는 유라시아가 원산지로 억센 가지가 많으며 둥글납작한 열매가 가을에 주황색으로 익어요.

노랑빛깔의 열매가 풍성한 피라칸타 '골든 챠머'(*p*. 'Golden Charmer')
풍성한 피라칸타 열매는 새들의 먹이가 되기도 해요.

관리 팁

- ☀ **빛** : 빛을 좋아합니다. 사계절 햇빛이 좋아야 빽빽한 잎과 꽃, 열매를 함께 할 수 있어요.
- 💧 **물** : 겉흙이 바싹 마르면 흠뻑 줍니다. 물이 부족하면 잎이 손상을 입으며 말리듯 떨어집니다. 열매가 달린 후는 물이 부족하지 않아야 오래 볼 수 있어요. 특히 화분을 딱 맞게 선택한 경우는 사계절 물관리를 소홀히 하지 않아야 합니다.
- ✂ **손상된 줄기와 잎 관리** : 물부족으로 가지 끝과 잎, 열매가 시들었다면 그 부분을 가위로 모두 잘라냅니다. 그리고 밝은 곳에 두고 물을 흠뻑 줍니다.

화분 식재시에는 조금 낮고 넓으면서 단순한 형태를 선택해요.
웃자라거나 긴가지는 가위를 이용해 잘라둡니다.

6. 피라칸타
Pyracantha

7. 달콤한 꽃 향기, 호야
Hoya carnosa

호야는 동남아시아와 오스트레일리아 등에 분포하는 여러해살이 식물입니다. 줄기가 뻗는 형태의 덩굴성 상록다년초로 분류되는 호야는 열대, 아열대의 원산지에 100여 종이 분포하는 것으로 알려져 있습니다. 줄기는 보통 갈색이며 기근(氣根)이 뻗어서 나무나 바위 위에 붙어 자라기도 합니다.

호야, 룩타오 물든잎

호야, 룩타오

사계절 베란다에 걸어 키우는 호야 룩타오는 계절과 햇빛의 양에 따라서 잎 색상이 변해요. 저는 온라인에서 구입해 바람이 잘 통하는 구멍토분에 옮겨서 키운지 3년 정도 되었어요. 처음 구입했을 때보다 배 이상 풍성하게 자란 듯 해요.

꽃봉오리는 줄기 끝에 달리는 것도 있고 줄기에 마주난 잎 사이에서 생기는 것도 있어요.

은은한 향기와 한가운데 작은 별을 품은 듯 꽃봉오리가 모여 큰 꽃볼을 보여줍니다. 도톰한 잎은 햇빛이 좋으면 붉게 물들어요. 처음 나는 잎은 연두와 초록빛인데 해에 붉게 물들면 잎 자체로도 매력입니다. 처음 플라스틱 화분으로 구입을 한다면 비교적 넉넉한 사이즈를 고르고 가장자리에 수태를 추가해 보습력을 높여주면 좋아요.

호야 로시타 꽃

관리 팁

☀️ **빛** : 강한 햇빛보다 베란다 유리창 등을 한 번 통과한 밝은 빛이 좋아요. 특히 기온이 25도 이상 올라가는 계절은 강한 햇빛을 조심합니다.

💧 **물** : 수반이나 유리병에 물을 담아서도 비교적 잘 자라지만 그렇다고 호야가 물을 아주 많이 좋아하는 화초는 아니랍니다. 화분에서 키울 때는 겉흙이 바싹 말랐을 때 흠뻑 주세요. 겨울에 온도가 너무 낮으면 약간 빛깔이 변하거나 누런빛을 띠며 살짝 얼 수도 있어요.

구멍토분에서 걸이로 키운다면 속까지 물이 흡수되도록 흠뻑 줍니다. 자주 조금씩 주는 것보다 호야 종류나 화분특성, 흙의 종류를 고려해서 한번에 충분하게 줍니다. 일반 호야를 분갈이 흙에 심어 화분에서 키우면 겉흙이 바싹 마를 때 흠뻑 주고, 수태나 코코칩을 이용해 걸이로 키운다면 한번씩 주방 등에 들여 속까지 물이 스미도록 여러 번 줍니다.

🌷 **꽃** : 주로 5월부터 꽃이 피는데 줄기 자르기를 많이 하거나 삽목으로 키운 줄기에서는 꽃이 피지 않는 경우가 많아요. 창가나 베란다 등에서 해가 좋고 2~3년 이상 자라는 호야에서 꽃을 볼 수 있습니다. 꽃이 피는 조건으로 충분한 햇빛과 적절한 수분이 중요한 역할을 합니다.

자줏빛 잎이 하늘하늘 개성있는 자엽안개나무는 식물 분류 상 안개나무속(Cotinus)이에요. 곧게 자라는 줄기 끝에 달리는 잎만으로도 매력 있어요. 일반 꽃과 조금 다른 모습이지만 안개가 피어오르는 듯한 느낌의 와인빛깔의 꽃을 보는 즐거움도 커서 정원수로도 많이 식재해요. 왠지 이름에서부터 좋은 느낌이 드는 자엽안개나무는 추위에도 강해요. 그래서 우리나라 특정 지역에 상관없이 노지 월동이 가능해요. 야외 정원이 있다면 땅에 심어 키워도 좋습니다. 정원에서 좀 돋보이게 보고 싶다면 큰 토분이나 항아리분에 심으면 개성 있는 자엽안개와 함께 할 수 있습니다.

관리 팁

- **빛** : 햇빛이 좋은 곳에서 건강하게 잘 자랍니다. 집 베란다라면 해가 제일 좋은 곳에서 키웁니다. 잎이 물들지 않고 초록빛이라면 빛이 부족한 것이 원인이지만 나무에는 큰 문제가 없어요.
- **물** : 기본적으로 해가 좋은 곳에 위치했다면 겉흙이 마르면 아주 많이 줍니다. 특히 새 잎이 나는 3월부터는 물이 부족하지 않아야 잎 손상이 오지 않습니다. 한여름 야외에서 키울 때는 특히 물 관리를 신경 씁니다. 기온 높은 계절 야외에서는 물을 잘 줘야 가지손상을 막을 수 있어요.
- **화분 식재시** : 너무 딱 맞는 화분보다 넉넉한 크기가 좋습니다. 나무 특성상 봄부터 성장하며 많은 햇빛과 물을 필요로 하는데 화분이 작으면 손상이 옵니다.
- **월동** : 야외에서 겨울을 난다면 땅에 심은 것은 별도의 관리를 안 해도 됩니다. 화분에 식재해 야외에 있다면 잎이 떨어지는 늦가을부터 물주기를 줄이고, 영하로 떨어질 때는 물을 아주 조금 주거나 주지 않아도 됩니다. 그리고 2, 3월부터 기온에 따라 물주기를 시작합니다.
  햇빛과 물 등 자엽안개가 좋아하는 환경을 모르고 키우면 조금 까다롭게 느껴질 수 있습니다. 하지만 그 특성을 알고 키우면 예쁘고 건강한 자엽안개와 함께 할 수 있습니다.

겨울이 오면 단풍든 잎을 다 떨구고 막대기를 꽂은 듯 휑하게 겨울을 납니다. 4월부터는 초록빛의 새 잎이 나고, 햇빛을 받으면 자줏빛깔 잎을 보여줍니다.
윗부분이 넓은 화분을 고르면 물주기도 좋고 나중에 분갈이를 할 때도 문제없이 잘 뺄 수 있습니다. 물을 많이 부어줄 때 흙 파임을 줄이는 에그스톤을 얹어주면 좋아요.

9. 수박페페
Peperomia sandersii

동글동글 수박무늬를 닮은 줄무늬 잎이 멋스러운 수박페페예요. 후추과에 속하는 수박페페는 추위만 조심하면 비교적 관리가 수월한 식물이에요. 하지만 겨울에 손상이 많이 오기 때문에 풍성하게 키우다가 실패한 경험이 있는 분이라면 다시 들이기가 쉽지 않을 수도 있어요. 추위에 약한 특성을 고려해 겨울철 온도 관리에 주의하면서, 창가나 베란다에서 키우면 다른 꽃 식물 못지않게 매력이 넘칩니다.

관리 팁

- ☀ **빛**: 강한 햇빛을 피해서 밝은 곳에서 키웁니다. 강한 해에는 손상을 입어요.
- 💧 **물**: 겉흙이 마르면 아주 흠뻑 줍니다.
- 🌡 **온도**: 추위에 약해요. 겨울에는 베란다가 아닌 10도 이상의 실내가 좋아요.

크로톤은 잎의 색상과 무늬가 아름다운 식물이에요. 종류도 다양한데 칼라 크로톤, 목대 크로톤, 바나나 크로톤, 실 크로톤, 점 크로톤, 돼지꼬리 크로톤, 소엽 크로톤 등 저마다 다른 무늬와 잎을 갖고 있어요. 큰 잎을 가진 컬러 크로톤은 주로 상업공간 등에서 많이 볼 수 있습니다.

크로톤은 학명과 유통명이 다른데, 유럽 꽃상인들이 원산지인 말레이시아에서 유럽으로 들여올 때 크로톤이라는 이름으로 부른 것이 유래로 현재까지도 불리고 있어요. 크로톤의 여러 종류 중에 굵은 목대 위로 돋아올라 길게 뻗은 잎이 멋스러운 목대 크로톤은 홈 가드닝 식물로도 좋아요.

크로톤은 원래 더운 지역에서 자라던 화초예요. 그래서 추위에 조금만 신경쓰면 아주 멋진 모습과 단풍처럼 예쁜 잎을 볼 수 있어요. 또 특유의 색감을 자랑하는 잎 덕분에 상업공간의 플렌테리어로도 좋아요.

관리 팁

- ☀ **빛** : 강한 햇빛을 피해서 밝은 곳에 놓습니다.
- 💧 **물** : 겉흙이 바싹 마르면 흠뻑 줍니다. 물을 너무 자주 주면 과습으로 손상이 옵니다.
- 🌡 **온도** : 추위를 조심해야 합니다. 겨울에는 5도 이상의 온도에서 관리해야 냉해를 예방할 수 있습니다. 만약 냉해로 잎이 쳐졌다면 손상된 잎은 제거하고 따뜻한 곳에 두고 관리합니다. 한겨울이 아니라도 초겨울에 갑자기 찬바람을 맞으면 잎이 상하기도 해요.

10. 크로톤
Codiaeum variegatum

목대 크로톤

점 크로톤

수수꽃다리와 라일락

수수꽃다리는 우리나라에서만 자라는 특산식물로, 황해도와 평안도의 석회암 지대에서 잘 자라는 것으로 알려져 있으며 전국에 심어서 가꾸고 있어요. 비슷한 종류 중에서는 정향나무, 털개회나무, 꽃개회나무 등 서양에서 만든 원예 품종을 통틀어 '라일락'이라고 부르고 있어요.

우리나라에서 자라는 라일락은 주로 분단 되기 전 서양에서 들여와 심은 것이 많아요.

관리 팁

- ☀ **빛** : 해가 좋은 곳에서 키웁니다. 햇빛이 적은 공간에서는 잎이 웃자라고 꽃을 보기도 어려울 수 있어요.
- 💧 **물** : 겉흙이 마르면 흠뻑 줍니다. 특히 휴면을 끝내고 새순이 나는 2월부터는 물이 부족하지 않아야 합니다. 식재 시에 너무 딱 맞는 화분보다 넉넉한 크기가 물을 관리하기 좋아요.
- 🌱 **가지치기** : 잎이 다 떨어지고 늦가을이나 초겨울에 잔가지를 정리합니다. 봄에 새가지와 꽃순이 수월하게 올라올 수 있어요.

11. 미스김라일락
Syringa Pubescens subsp. Patula 'Miss Kim'

라일락은 꽃이 피면 향기도 좋지만 그 이름에서부터 왠지 기분좋은 느낌이 나요. 보통 라일락이라고 통칭하지만 라라꽃, 자정향, 양정향나무, 서양수수꽃다리라는 이름으로도 불려요.
추위에도 강해 정원에 식재하면 봄을 기다리는 즐거움이 커요. 라일락은 주로 연한 자주색꽃이 봄을 알리듯 피죠.

미스김라일락은 우리나라 토종식물인 수수꽃다리가 미국으로 반출돼, 품종 개량된 라일락의 종류예요. 1947년 미국인 식물 채집가가 북한산에서 야생의 털개회나무(수수꽃다리) 종자를 채취해 미국으로 가져가 원예종으로 개량한 뒤 붙인 이름이에요. 꽃 이름이 한국 근무 당시 같은 사무실 여직원의 성을 붙였다고 해서 더 유명해요.
아담한 수형(樹形)과 병해충에 강한 것은 물론 진한 향기를 지니고 있어 조경용으로 인기를 얻으면서 현재 세계에서 가장 인기 있는 라일락 품종이 되었어요. 지금은 미국 라일락 시장의 인기 품종으로, 우리나라는 1970년대부터 로열티를 주며 역수입했어요.

라일락은 주로 꽃이 피는 봄에 많이 유통되지만 한철 식물이 아닌, 여러해살이 목본류 식물입니다.
화분을 선택할 때는 이 부분을 고려해 너무 딱 맞는 화분보다 좀 큰 화분에 식재하고, 꽃이 진 후에도 물관리를 잘 해야 오랫동안 키울 수 있어요.

12. 제주마삭줄
Trachelospermum asiaticum

마삭줄은 푸른덩굴나무로 그 종류가 정말 많은데요. 보통 마삭이라고 줄여서 부르며 시중에서 어렵지 않게 볼 수 있는 종류부터 희귀종과 여러 지역에서 개량된 종류까지 다양해요. 오색마삭 초설, 황금마삭, 좀마삭, 황제마삭 등이 있어요. 남부 지역 등에서는 정원수로도 좋아요. 크기가 작은 종류는 노지에 바로 식재하는 것보다 화분에 심어 정원에서 키우면 더 개성있는 모습 볼 수 있습니다.

마삭은 특히 분재의 매력을 더 멋스럽게 느낄 수 있는 식물이죠. 한그루의 오래된 고목처럼 느껴지는 특유의 아름다움은 사계절 즐겁게 함께 할 수 있습니다.

제주라고 하는 지명을 이름 앞에 달고 있는 제주마삭줄은 특히 야생화와 분재를 좋아하는 분들의 사랑을 많이 받고 있어요.

관리 팁

- ☀ **빛** : 빛을 좋아합니다. 햇빛이 좋아야 특유의 잎이 웃자람도 없고 줄기에 빡빡하게 모여 예쁘고 건강해집니다.

- 💧 **물** : 물이 부족하면 잎이 후두둑 떨어져 내립니다. 마삭 특성상 더디게 자라므로 화분도 딱 맞게 심게 되는데 그 부분을 고려해 물을 흠뻑 줍니다. 특히 더운 계절은 해 좋은 곳에 두고 매일 줍니다.

- 🪴 **화분** : 마삭의 형태나 줄기 굵기 등에 따른 차이는 있지만 제주마삭 특유의 수형과 목대가 드러난 형태라면 단순한 화분이 좋고 문양이 적은 것을 선택합니다. 시간이 지날수록 늘어지는 잎이나 멋스러운 모습을 감상하는 즐거움까지 큽니다.

- 🌱 **줄기** : 햇빛과 물이 좋다면 새잎이 나고 줄기도 길어져요. 아까워도 적당히 줄기를 정리하거나 가지치기를 해야 멋스럽게 볼 수 있습니다.

제주환엽좀마삭줄

늘어지는 줄기는 적절히 정리해 길이를 유지합니다.

제주백록마삭줄

초록빛 잔잎 사이로 노란빛깔 꽃이 풍성하게 피면 그 모습만으로도 기분 좋은 애니시다예요. 유럽남부가 원산지로 금작화라는 본래의 이름보다 애니시다로 더 많이 불러요.

애니시다는 주로 이른 초봄부터 잎 끝에 풍성한 꽃봉오리가 달리며 노란색 꽃이 핍니다. 꽃에서 레몬향기가 나서 꽃이 활짝 피면 그 근처만 가도 기분 좋은 향에 잠시 멈칫하게 되요.

겨울이 지나고 봄이 가까워지면 잔잎과 함께 부지런히 꽃봉오리를 만들어요. 노란 잔꽃은 빛이나 물이 충분하면 길게 볼 수 있어요. 꽃잎이 시들어 떨어지고 나면 그 줄기는 물론 다른 잔줄기까지 모두 가지치기를 해야 더 건강하고 예쁘게 함께 할 수 있어요.

13. 애니시다
Cytisus scoparius

꽃봉오리가 생기는 모습

관리 팁

- ☀ **빛** : 밝은 빛을 좋아해요. 햇빛이 잘 드는 창가에 놓고 키웁니다. 기온이 너무 높은 때는 강한 해를 피해주세요. 잔잎이 햇빛에 손상을 입을 수 있어요.
- 💧 **물** : 겉흙이 마르면 아주 흠뻑 주세요. 물이 부족하면 잔잎이 우수수 떨어집니다. 만약 물부족으로 손상된 줄기가 있다면 손상된 줄기를 정리해 주세요.
- 🌿 **가지치기** : 애니시다를 건강하게 키우기 위해서 꼭 가지치기를 해주세요. 특히 꽃이 완전히 진 후 아래쪽 잔잎과 시든 꽃대 등을 가위로 잘 정리해서 새줄기와 잎이 나도록 해주세요. 꽃이 피는 봄부터 다른 잔줄기도 성장이 왕성하므로 가지치기를 제대로 하지 않으면 무성한 줄기 사이로 진딧물도 생기고 통풍이 잘 안 돼 건강하지 않을 수 있어요.

꽃이 진 후 잔가지 치기를 합니다.

꽃이 진 후 가지치기를 한 모습

14. 동백나무
camellia japonica

꽃이 진후는 열매가 달려요.

동백군락지

여러 해안지대에도 동백군락지가 많지만 우리나라에서 가장 아름다운 동백군락지로 꼽을 수 있는 곳은 전남 강진 백련사 동백나무 숲이에요. 이곳에는 1,500그루의 동백나무가 무리지어 자라요. 300년 쯤 된 오래된 동백나무도 있어요. 이곳 동백나무 숲은 보통 3월 중순부터 하순까지 붉은 꽃봉오리를 볼 수 있는 좋은 시기에요. 부산 해운대의 서쪽에 있는 동백섬은 부산기념물 46호로 지정되어있는 곳이에요. 예전에는 독립된 섬으로 동백나무가 많았지만 지금은 동백보다 소나무가 더 울창하고, 오랜 퇴적작용으로 현재는 육지화 되었어요.

동백은 주로 섬에서 많이 자라는데 울릉도 외에 육지에서는 충청남도 서천, 전라도 고창, 여수, 거제도 등 다양한 곳에서 자라요. 동백(冬柏)은 한자어를 표기한 것으로 우리나라에서만 사용하는 이름이에요. 국내에서는 주로 겨울에 꽃이 핀다고 해서 동백이라는 이름이 붙었지만 그 가운데는 봄에 피는 것도 있어서 춘백(春柏)이라는 이름으로도 불려요. 그 외에도 학단, 학정홍, 내동화 등의 이름도 갖고 있어요.

요즘은 국내에서도 다양한 종류가 원예용으로 개량되어 유통되고 있어요. 프릴모양의 겹꽃이 예쁜 아베마리아, 큼직한 겹꽃의 씨엠윌슨, 흰색바탕에 불규칙한 붉은빛 얼룩무늬의 취상교, 이 외에도 향동백, 킥오프, 로저 홀, 춘서홍, 누치오스 카메오, 애기동백, 겹꽃이 아름다운 상부연과 옥지포 등 다양한 품종과 개성있는 꽃들이 정원수로 많이 나오고 있어요.

 **관리 팁**

- ☀ **빛** : 햇빛을 좋아합니다. 햇빛을 많이 받을 수 있는 곳에 두세요. 동백은 원래 실내 원예용 식물이 아닌, 야외 땅에 뿌리 내리고 겨울에도 서늘하게 자라는 식물입니다. 요즘은 원예용으로 많은 종류가 개량·유통되고 있지만 실내 햇빛 적은 곳은 건강하게 오래 키우기 쉽지 않을 수도 있습니다. 겨울에도 실내로 들이기보다 베란다 밝은 곳에 놓고 관리해주세요.

- 💧 **물** : 겉흙이 마르면 흠뻑줍니다. 장소와 계절, 화분 크기를 잘 살펴본 후 물이 부족하지 않게 관리합니다. 물이 부족하면 잎이 말리듯 뒤로 젖혀지고 손상이 옵니다.

- 🪴 **화분** : 딱맞거나 작은 것보다 넉넉한 크기를 선택합니다. 너무 긴 형태보다 낮고 안정감 있는 형태를 선택하면 위에 장식돌이나 미니 토분을 엎어 놓고 그곳에 물을 부어 줄 때 흙파임도 줄일 수 있어요.

- 👉 **처음 구입한다면** : 너무 큰 동백이나 가격이 높은 품종보다 작고 가격부담이 적은 것으로 구입해 분갈이를 한 후 관리를 합니다.

동백나무와 동박새

동백나무의 꽃은 벌과 나비가 아닌 새의 도움으로 꽃가루받이를 하는 '조매화'에요. 열대지방에는 조매화가 많지만 우리나라에는 아직 동백나무가 유일해요. 동백나무의 꽃가루받이를 돕는 새는 '동박새'로 작은 벌레도 잡아먹지만 동백꽃의 꿀과 열매를 먹고 살아서 동백나무와는 뗄 수 없는 관계예요.

 문제상황 대처하기

- 잎이 마르고 잔가지에는 새잎이 생기지 않는 경우 : 화분의 크기가 너무 작은 건 아닌지 물이 부족하지 않은지 체크해보세요. 동백은 물이 부족하면 잔가지 등에 손상이 옵니다.

- 잎은 많이 나고 무성한데 꽃이 피지 않는 경우 : 동백나무의 꽃은 여름이 끝나고 가을부터 시작해 햇빛이 충분해야 꽃봉오리가 건강하게 생깁니다.

- 꽃봉오리가 많이 있는데 꽃이 활짝 피지 않고 떨어진 경우 : 햇빛의 양이나 물부족 등의 원인일 수 있어요. 꽃봉오리가 벌어지기 전까지 햇빛이 충분해야 합니다. 만약 햇빛의 양이 충분한데 꽃이 피지 않는다면 물의 양이 부족하다고 볼 수 있어요. 꽃이 활짝 핀 후는 실내로 들여 잘 보이는 곳에 두고 한 동안 감상하는 것도 좋아요.

동백기름과 꽃

옛날에는 꽃을 감상하거나 조경을 위한 목적보다 씨앗에서 기름을 짜려고 많이 심었어요. 동백기름은 맑은 노란색이고 불포화지방산이 풍부해 변하거나 굳지 않아서 요리나 화장품 원료, 머릿기름으로 썼어요. 꽃은 '산다화'라고 해서 피를 멎게 하고 소화를 돕는 약으로도 쓰고 단단한 줄기는 얼레빗, 다식판, 장기짝 등의 목재로도 썼어요.

15. 직희남천
Nandina domestica

다양한 식물 중에서도 남천은 수형과 잎은 물론 꽃과 열매까지 개성있는 식물이에요. 매자나무과에 속하는 남천은 원예 품종 중에서도 정원수로 특히 사랑받는 식물이죠. 남천은 그 종류도 참 많은데요. 작고 노란 꽃이 피는 동남천, 깃꼴겹잎에 가시 돋힌듯한 뿔남천, 작은 피뢰침 모양의 날카롭고 긴 잎의 중국남천, 줄기 끝에 가는 잎이 특징인 실남천은 자잘한 분홍꽃이 피는 특징이 있어요.

하늘하늘, 가늘게 처지는 듯한 잎의 직희남천은 일반 남천에 비해 풍성한 느낌은 적지만 하늘거리는 잎이 특징이에요. 성장과 번식이 쉬운 편이 아니라서 쉽게 볼 수 있는 남천은 아니에요. 그래서 키우는 즐거움은 더 큽니다.

관리 팁

- **장소**: 해가 가장 좋은 베란다 등이 좋습니다. 빛이 부족한 실내에서는 잎이 풍성하지 않아요.
- **흙**: 가는 마사를 조금 섞어 일반 분갈이 흙과 함께 사용합니다.
- **물**: 겉흙이 말랐다 싶으면 흠뻑 줍니다. 물이 부족하면 잎에 수분이 부족해서 우수수 떨어져 내립니다.
- **기타 관리**: 잎과 줄기가 여리게 보이는 것과 달리 강합니다. 한여름 30도 이상의 온도에는 손상을 입을 수 있어 반그늘 등에 놓고 키우면 잎의 손상을 방지할 수 있습니다.

노란 꽃이 풍성하게 필 때의 모습

16. 세잎뿔남천
Mahonia trifolia

노란꽃이 풍성하게 피는 세잎뿔남천은 주로 중국이 원산지인 다른 남천과 달리 미국 남부와 멕시코가 원산지예요. 깃꼴겹잎가장자리로는 날카로운 가시가 있어요. 물을 줄 때나 가지치기를 할 때 조심해야해요. 꽃이 진 후 붉게 열매가 달리는데 먹을 수 있어서 정원수로 심는다면 열매는 새들이 좋아하는 먹이가 됩니다.

세잎뿔남천은 꽃이 비교적 크고 풍성한 편이에요. 꽃봉오리가 생기기시작하면 물관리에 더 신경을 써야 꽃이 활짝피고 열매도 맺을 수 있어요.

잎은 가장자리에서 뾰족한 느낌이 나요.

두툼하고 개성있는 구멍 토분에서 자라는 맥시나리아 나나예요. 이름이 길고 어렵죠. 하지만 평범한듯한 잎 사이에서 피어나는 화사한 꽃이 은은하고 사랑스러워요. 봄이면 난 종류인 나나 꽃을 풍성하게 볼 수 있어요.

관리 팁

- **빛** : 강한 햇빛을 피해 밝은 곳에서 키웁니다. 유리창을 한 번 통과한 빛이 드는 베란다나 창가 등이 좋아요.
- **물** : 수태(바크)가 바싹 마르면 흠뻑 줍니다. 한 번만 부어주면 되는 흙과 달리 수태나 바크의 특성상 여러번 물을 주거나 용기에 물을 받아 담가서 물이 충분히 스며들도록 합니다.
- **꽃보기** : 햇빛이 충분하면 봄부터 풍성하게 볼 수 있어요. 햇빛이 적으면 꽃이 피지 않거나 꽃봉오리가 적어요.

17. 맥시나리아 나나
Cymbidium

나나꽃이 예쁘게 피는 데는 구멍토분과 수태도 중요한 역할을 합니다.

 토분과 하트의 만남

단단하고 두툼한 수입토분이에요. 틀에서 찍어낸 게 아니라 손으로 만들어 불규칙하고 거칠어요. 또 하트 모양은 하나하나 칼을 이용해 파냈어요. 수제라 크기도 모양도 일정하지 않아요.

꽃은 주로 날씨가 따뜻해지는 봄부터 여름까지 볼 수 있어요.

뿌리와 가까운 줄기 쪽에 수분을 저장하고 있어요.

1년에 2회 정도 알비료를 올려줍니다.

18. 호접란 '만천홍'
× Doritaenopsis Qeen Beer 'Mantefon'

집 베란다 등 장소 제약 없이 함께 할 수 있어요.

사계절 다르게 만날 수 있는 꽃은 가드닝에서 새로운 변화를 주며 눈도 마음도 행복하게 합니다. 뿐만 아니라, 잎을 보는 관엽식물과는 또 다른 빛깔과 향기로 일상 속에서 새로운 에너지를 줍니다. 화훼단지나 꽃집에 가면 어렵지 않게 볼 수 있는 난의 종류로 호접란이 빠지지 않는데요. 호접란은 난초과 식물로 주로 나비 모양의 꽃을 보여줍니다. 여린 듯한 꽃모양과 달리 건조함에도 강한 편이라서 꽃을 비교적 오랫동안 볼 수 있어서 꾸준히 사랑받고 있습니다. 호접란은 난 전문 농장에서 재배해 시중에 유통될 때는 주로 비닐로 된 포트나 플라스틱에 심은 경우가 많아요. 부피를 가볍게 해서 유통의 원활함과 가격부담을 줄이기 위한 목적도 있는데요. 화분에 식재된 것과 달리 농장에서 유통된 그대로 구입한다면 비용적인 부담이 적습니다.

수태를 이용한 플랜테리어 팁

화훼단지나 꽃집 등에서 구입해 원하는 화분에 수태를 추가해 식재하면 선물은 물론 어느 공간에도 잘 어울립니다. 수태를 추가해 보습력을 높여주면 좋아요.

호접란 식재해 꽃 오래보기

비닐이나 플라스틱 화분에 담긴 호접란을 구입했다면, 무게감이 있는 화분으로 옮겨주는 것이 좋습니다. 수태가 건조해지면 난꽃을 지지하는 힘이 약해 쓰러질 수 있으므로 꽃대를 잡아주는 지줏대와 함께 잘 옮기듯 식재하면 됩니다.

- **준비물** : 수태와 무게감이 있는 화분입니다. 수태는 미생물이 많이 포함되어 토피어리나 난 종류 등에 상토대용으로 사용됩니다. 주로 압축형태로 많이 수입·판매되는 수태는 난을 키우기도 좋아요.

- **화분** : 호접란의 꽃 색상과 풍성함을 고려해 튀는 색상을 피하고 너무 높지 않은 것을 선택해서 식재하면 호접란 특유의 개성을 즐길 수 있습니다.

- **물관리** : 꽃이 핀 호접란은 키운다는 생각보다 꽃을 건강하게 오래 보는 것을 우선으로 관리합니다. 수태를 손으로 만져서 많이 말랐을 때 물을 흠뻑 줍니다.

구멍토분과 수태 등 재료

비닐포트의 호접란 꺼내기

물에 적신 수태를 가장자리 등에 추가하기

기울어지는 꽃은 지줏대를 꽂아 고정하기

19. 황칠나무
Dendropanax morbiferus

황칠나무가 예전에는 제품의 완성도를 높이는 칠에 많이 사용되었다면 요즘은 인체에 유용한 성분이 많아서 기능성 식품으로 이용되고 있어요. 줄기와 열매 등을 건강식품으로 개발·이용하는데, 주로 차를 우려내 마시는 보편적인 방법부터 여름철 건강보양식 등에도 이용되고 있어요.

황칠나무는 우리나라 남쪽 섬을 비롯한 전라남북도, 제주도에 분포하는 특산종 나무예요. 일본에는 혼슈 남부, 오키나와에도 있다고 알려져 있지만 수입종이 아닌 국내 자생나무라 오래전부터 우리 조상들과 함께해왔어요. 황칠나무는 높이가 15m까지 자라요. 꽃은 6~8월 중순에 연한 황록색으로 피고 9월에서 11월에 열매가 달려요.

황칠에 사용되는 나무의 진액은 8월에서 9월에 채취하는데 황칠은 옻나무 수액을 채취하여 칠하는 옻칠과 같은 전통 공예기술이에요. 황칠나무 표피에 상처를 내면 노란 액체가 나오는데 이것을 모아 칠하는 것을 황칠이라고 해요. 이렇게 목공예품을 만들 때 색을 칠하거나 표면을 가공할 때 사용되어 황칠나무라 이름 붙여졌어요. 전통적으로 가구나 금속, 가죽 제품의 도료로 사용되었어요. 역사적으로는 중국에 보내는 조공품으로 분류되어, 황칠나무가 많은 지역 백성들의 고통도 심해 조선시대에는 황칠나무가 자라면 베어버렸다는 기록도 남아 있어요.

관리 팁

- **빛** : 햇빛을 좋아합니다. 그늘진 곳보다 해가 좋은 장소에서 키웁니다.
- **물** : 화분 겉흙이 마르면 흠뻑 줍니다. 물이 부족하면 잎이 처지고 손상이 옵니다.
- **기타 관리** : 햇빛이 부족하거나 통풍이 잘 되지 않으면 진딧물이 생길 수 있어요. 그때는 우선 물줄기로 줄기와 잎을 깨끗이 씻어내고 해와 바람이 좋은 곳에 둡니다. 진딧물이 심하면 전용 약을 뿌린 후 씻어냅니다.

20. 사계보로니아

Boronia

작은 잎에서 나는 은은한 향기의 사계보로니아 꽃이 피면 기분까지 좋아져요. 사계보로니아는 꽃이 아닌 잎에서 향기가 나는 식물이에요. 잎을 슬쩍 쓰다듬거나 문지르면 회향 냄새가 나서 '아니씨드 보로니아(Aniseed Boronia)'로 부르기도 해요. 보통 2월부터 꽃봉오리가 생기는데 처음에는 햇빛이 좋은 창가로, 꽃이 활짝 피면 반그늘로 옮기면 꽃이 한꺼번에 피었다가 빨리 지는 것을 예방할 수 있어요.

꽃봉오리가 생기는 봄

건강하게 잘자라는 잔잎은 향기도 은은해요.

관리 팁

- ☀ **빛** : 자연광이 적은 실내보다 빛이 많은 곳이 좋아요. 베란다나 밝은 창가에서 키우면 됩니다.
- 💧 **물** : 겉흙이 마르면 흠뻑 주세요. 특히 꽃봉오리가 많이 생기는 이른 봄부터는 화분크기와 온도, 장소를 고려해 충분히 주세요.
- 🪴 **화분** : 꽃과 잎의 적절한 수분 유지를 위해 너무 작은 것보다 넉넉한 곳을 선택해 식재해주세요. 딱 맞는 화분도 예쁘지만 꽃이 피었을때 물관리의 어려움으로 손상이 올 수 있습니다.
- 🌿 **가지치기** : 잎을 만들기 시작하면서는 가지가 이리저리 뻗어요. 꽃이 피는 때를 피해 뾰족한 가지의 안쪽을 가로로 잘라가며 원하는 수형을 만듭니다. 토피어리 형태를 유지하기 위해 자주 자르면 가지 끝에서 풍성하게 피는 꽃은 보기 어려울 수 있으므로 너무 자주 자르지 마세요. 꽃이 핀 상태라면 꽃이 진 후 자르면 됩니다.

아래쪽 잔줄기는 잘라서 통풍이 잘 되고 물주기도 수월하게 해주세요

21. 노랑아카시아
Robinia pseudoacacia

솜뭉치 같은 노란색 꽃이 사랑스럽게 피는 노랑아카시아예요. 시중에서는 노랑자귀라는 이름으로도 불립니다. 작고 촘촘한 잎이 모여 있으면 그 잎에서 느껴지는 은빛만으로도 매력이 큰 식물입니다. 키가 높이 자라는 특징이 있어요.
겨울부터 봄까지 풍성한 꽃이 달려있는 모습은 그 자체로 눈도 마음도 즐겁게 합니다. 작은 솜뭉치 같기도 한 꽃이 주렁주렁 열매처럼 핀 모습은 한 번 보면 눈을 뗄 수가 없을 만큼 예뻐요.

관리 팁

- ☀ **빛** : 햇빛을 좋아합니다. 햇빛이 좋은 곳에 있어야 잎이 촘촘하고 건강하게 유지되며 꽃도 볼 수 있습니다.

- 💧 **물** : 겉흙이 마르면 흠뻑 줍니다. 물이 부족하면 잎이 처지고 말라서 손상이 옵니다.

- 🪴 **화분** : 너무 딱맞는 화분보다 조금 넉넉한 화분에 물빠짐이 좋은 가는 굵기의 마사를 조금 섞어서 심습니다.

- ✋ **기타관리** : 지줏대를 꽂아서 중심 줄기가 휘청이지 않도록 고정해주세요.

22. 연잎양귀비
Papaver somniferum

관리 팁

- ☀ **빛** : 밝은 햇빛이 있는 곳에서 키웁니다. 빛이 너무 적은 곳에서는 줄기가 지나치게 길고 웃자랄 수 있어요.
- 💧 **물** : 성장기와 꽃이 피었을 때 겉흙이 마르면 흠뻑 줍니다. 물이 부족하면 줄기와 잎이 시들어요. 그때 손상된 줄기가 있으면 바짝 자르고 물을 흠뻑 줍니다. 뿌리까지 손상된 게 아니면 새 잎이 납니다.
- 🪴 **화분** : 줄기가 비교적 위로 자라므로 너무 키가 높은 형태의 화분보다 약간 낮고 안정감이 있는 형태가 좋아요. 흙은 물빠짐이 좋도록 가는 굵기 마사를 조금 섞어서 심습니다.
- 🌱 **기타 관리** : 겨울이 지난 후에 누런 잎이 생기고 다른 자구가 뿌리 쪽에서 올라오면 넓은 화분으로 옮기고 작은 알갱이 비료를 10~20알 정도 올려줍니다. 물을 줄 때 천천히 녹아 영양 공급이 됩니다.

양귀비는 종류가 다양하지만 그 중에서 가장자리의 부드러운 톱니 모양의 잎이 멋스러운 연잎양귀비예요. 비교적 길게 뻗은 잎 그 자체만으로도 매력적이에요. 거기에 흰꽃이 피면 더 눈길이 갑니다.

연잎양귀비는 여러해살이지만 휴면기가 있어요. 휴면기에 접어들면 줄기의 힘이 약해지면서 잎도 누렇게 변하듯 시들어요. 처음 키우는 분 중에는 식물이 잘못된 줄 알게됩니다. 이때는 물주기를 줄이고 시원한 곳에 둡니다. 다시 새순이 올라오면 밝은 곳에 놓고 물의 양을 늘립니다.

연잎양귀비 꽃

잎의 무늬가 개성있는 싱고니움은 개량종으로 덩굴성은 조금 낮고, 키는 더 크게 자라는 특징이 있어요. 사계절 싱그러운 잎을 보여주는 싱고니움은 더운 지역이 원산지로 오래전부터 원예용으로 사랑받는 식물이에요. 요즘은 기본종 외에도 벨벳싱고니움, 다양한 무늬를 가진 무늬싱고니움이 개량종으로 유통되어 관심받고 있습니다.

싱고니움은 미국항공우주국 NASA에서 선정한 에코플랜트 가운데 종합평가 19위를 기록한 식물입니다. 특히 실내 공기 오염을 일으키는 새집증후군, 포름알데히드를 제거하는데 효과적으로 알려져 있습니다. 포름알데히드는 새집이나 집수리, 새가구 뿐만 아니라 접착제, 화장품, 종이, 샴푸 등 생활용품에서도 발생하는 유해물질입니다. 일반 싱고니움 등 비교적 가격 부담은 적고 관리가 수월한 식물을 화분, 수경 등으로 여러 개 집에 놓으면 인테리어 효과는 물론 건강에도 도움이 됩니다.

관리 팁

- ☀️ **빛** : 강한 햇빛을 피해 밝은 곳에 놓고 키웁니다. 잎의 초록과 무늬를 선명하게 볼 수 있습니다.

- 💧 **물** : 계절따라 차이가 있지만 기온이 오르는 봄부터 여름에는 겉흙이 마르면 흠뻑 줍니다. 기온이 낮아지는 늦가을부터 겨울은 흙 상태를 살펴보며 바싹 말랐을 때 흠뻑 줍니다. 건조한 계절에 잎에 분무를 해주면 좋습니다.

- 🌡️ **온도** : 15~25도 정도가 적당합니다. 특히 겨울 냉해는 조심해야 하므로 베란다 온도가 많이 떨어진다면 거실 등 기온이 높은 곳으로 들여서 키웁니다.

- 🌱 **기타 관리** : 줄기 마디에 뿌리가 나며 늘어지듯 자라면 마디의 뿌리까지 함께 잘라 심거나 유리병에 물을 조금 담고 수경으로 키워도 됩니다. 높은 곳에 화분을 올리고 흐르는 형태로 키워도 좋은데 스킨답서스처럼 예쁘게 늘어지지 않는 경우도 있습니다. 또 한 화분에 너무 꽉 차게 자라면 포기나누기로 분리해 심어줍니다.

23. 싱고니움 바리에가타
Syngonium variegata

24. 구절초
Dendranthema zawadskii

산과 들에서 자생하는 구절초는 국화과의 식물로 우리나라뿐만 아니라 중국과 일본, 몽골 등 여러나라에서 자라요. 한해살이 식물이지만 생명력이 강해서 씨앗과 뿌리가 땅 속에 내려 다음해에도 어김없이 잎과 꽃을 볼 수 있어요. 줄기에 생기는 마디가 단오 무렵에 5개쯤 되고, 음력 9월이 되면 9개가 된다고 해요. '아홉마디(九折)'가 생긴 줄기를 약으로 쓰는 풀이라고 해서 구절초라고 부릅니다. 꽃부터 잎, 뿌리 전부를 약으로 쓸 만큼 유용한 식물인데요. 꽃은 은은하고 예뻐서 홈가드닝 식물로도 좋아요.

구절초는 종류도 다양한데요. 한라산에서 자라는 작은꽃의 한라구절초, 높은 지대에서 자라는 산구절초, 황해도 서흥 지방에서만 자라는 서흥구절초, 높은 지대 바위틈에서 자라는 바위구절초 등 우리나라 곳곳에서 다양한 구절초를 볼 수 있어요.

구절초 꽃봉오리

관리 팁

- ☀ **빛** : 강한 햇빛을 좋아합니다. 햇빛이 적은 곳에서는 꽃이 잘 피지 않고 잎과 줄기에 진딧물이 생길 수도 있어요.

- 💧 **물** : 흙이 마르면 흠뻑 줍니다. 물이 부족하면 잎이 처지고 꽃이 빨리 시들어요.

어린 시절 부르던 노래 속에 등장하는 꽃으로도 기억되는 과꽃은 원래 우리나라 북부지방에서 만주까지 걸쳐 야생에서 자라는 국화과의 한해살이 식물이에요. 18세기 무렵 유럽으로 건너가서 지금의 과꽃과 같은 원예 품종이 다양하게 개발되어 전세계로 퍼졌어요. 우리에게 익숙한 과꽃이라는 이름 외에도 '차이나 에스더', '레인보우 에스더', '마쓰모토 에스더'로도 불러요.

키가 비교적 길게 올라와 최대 1m까지 자라서 꽃이 피는 종류도 있어요. 품종에 따라서 꽃잎의 개수나 모양이 다르고 색상도 흰색과 보라, 자주, 분홍, 살구색 등 다양해요. 야외 정원이 있다면 꽃씨를 받아 파종해도 좋아요. 활짝 피었던 꽃잎이 마르고 꽃술이 솜털처럼 보송보송하면 씨앗이 잘 영글었다고 볼 수 있어요. 이때 채종해서 보관했다가 기온 편차가 너무 심하지 않은 4월 쯤 온도가 15~20도 쯤 될 때 파종하면 7월부터 꽃을 볼 수 있어요.

25. 과꽃
callistephus chinensis

관리 팁

- ☀ **빛** : 햇빛이 잘 드는 곳에서 키웁니다. 낮에 해가 있는 시간이 10시간 이상 되어야 꽃이 풍성하게 핍니다.
- 💧 **물** : 꽃이 활짝 핀 후는 강한 햇빛보다 반그늘로 옮겨 겉흙이 마르면 흙에 흠뻑 줍니다.
- 🌱 **꽃이 진 후** : 시든 꽃대는 바짝 자릅니다. 씨앗을 채종해 다음 해에 파종을 해도 좋아요.

26. 국화
Dendranthema morifolium

여름 햇살이 채 사라지기도 전 어디선가 조금씩 꽃을 내밀며 가을에 대한 설렘을 갖게 하는 국화는 우리나라를 비롯해 중국 등이 원산지로 알려져 있어요. 국화는 실제로 여러 품종을 일컫는 통칭인데요. '귀부인'이라는 별칭으로 여름에 피는 '소국'부터 대륜국화의 한 품종인 '공작'이라고 불리는 종류 등이 있어요. 꽃크기에 따라 대국, 중국, 소국으로 품종을 나누어요. 꽃줄기 1개에 한송이가 달려서 피는 품종인 대륜국화, 여러개 달리는 품종인 소륜국화로도 구분해요. 우리나라에는 주로 꽃부분을 개량한 원예품종이 많아요.

스탠더드국화와 스프레이국화

국화는 개화형태에 따라서 하나의 꽃대에서 하나의 꽃을 피우는 스탠더드국화와 하나의 꽃대에서 여러개의 꽃을 피우는 스프레이국화가 있어요. 꽃꽂이나 꽃다발용으로 사용되고 있는 국화는 대부분 스프레이국화예요. 우리나라에는 야생국화도 많은데 원예용 품종과 달리 줄기가 가늘고 곧아서 흐늘거리는 느낌이 들어요. 여러해살이로 추위에도 아주 강하지만 일반 아파트 실내에서 오래 키우기 위해서는 통풍과 일조량 등이 좋아야 해요.

관리 팁

- ☀ **빛** : 꽃을 건강하게 피우기 위해 햇빛이 중요해요. 꽃봉오리가 생기는 시기부터 꽃이 필 때까지 햇빛이 좋아야 풍성하고 건강한 꽃을 볼 수 있어요.
- 💧 **물** : 화분 크기에 따라서 차이가 있지만 꽃이 활짝 핀 후 흙에 흠뻑 줍니다. 한 화분에 꽃송이가 많은 국화라면 용기에 물을 받아 화분 바닥이 잠기도록 하는 저면관수로 물을 주면 꽃을 조금 더 길게 볼 수 있습니다.
- 👉 **기타 관리** : 초가을에 화분으로 구입할 때는 꽃봉오리가 너무 활짝 피지 않은 것으로 구입해야 오래 볼 수 있어요.

27. 네마탄투스
Nematanthus gregarius

브라질이 고향인 네마탄투스는 다른 이름으로 복어꽃, 네마탄서스, 네마탄 등으로도 불러요. 팽이밥과에 속해요. 잎은 비교적 도톰한 편으로 수분을 많이 함유하고 있으며, 연두색으로 올라와 녹색을 띱니다. 꽃은 더위가 끝나고 늦가을에 빨강과 주황색으로 핍니다.

관리 팁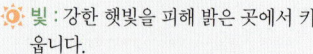

- ☀ 빛 : 강한 햇빛을 피해 밝은 곳에서 키웁니다.
- 💧 물 : 겉흙이 바싹 마르면 흠뻑 줍니다. 기온이 낮은 겨울철은 특히 건조하게 키웁니다.
- 🌡 기온 : 겨울 추위를 조심해서 실내에서 키웁니다. 10도 이상의 온도가 유지되도록 합니다.

잎에 민감한 신경을 갖고 있는 미모사예요. 브라질이 원산지인 미모사는 신경초, 잠풀이라고도 불립니다. 원산지인 브라질에서는 다년초로 키울 수 있는데 우리나라에서는 기온 변화 등 환경적인 원인으로 한해살이를 합니다.

미모사는 줄기에 잔가시와 잔털이 있는데 살짝 건드리기만해도 잎을 움츠리듯 접습니다. 작은 움직임과 빛에 빠르게 반응하는 개성있는 미모사는 아이, 어른 구분없이 신기해하는 식물이에요.

한방에서는 뿌리를 제외하고 약재로 씁니다. 신경과민과 안구충혈은 물론 대상포진에 짓찧어 붙이면 효과가 있어서 특별한 약재로 재배·사용된다니 더 특별하게 느껴지는 식물입니다. 물론 가정에서 약재로 쓰는 건 권하지 않고 있으므로 관상용으로 키워야해요.

야생에 있는 자귀나무와 미모사는 닮았지만 자귀나무는 바깥 자극과 상관없이 밤이 되면 잎이 서로 맞붙었다가 아침이 되면 잎을 다시 펼쳐요.

28. 미모사
Mimosa Pudica

관리 팁

- ☀ 빛 : 밝은 곳에서 키웁니다. 빛이 적으면 잎이 웃자라요.
- 💧 물 : 겉흙이 마르면 흠뻑 줍니다. 물이 부족하면 줄기와 잎에 손상이 옵니다. 특히 시중에 유통되는 미모사는 크기가 작아서 비교적 화분에 딱맞게 심는데 관리에 조금만 소홀해도 흙이 금세 마릅니다.

손으로 잎을 살짝 건드리면 줄기를 아래로 떨구고 잎을 붙이듯 오므립니다.

 미모사와 자귀나무는 왜 잎을 움츠릴까요?

미모사는 작은 잎의 자루 밑에 세포가 있는데 이 세포는 물을 많이 저장하고 있어서 작은 잎이 꼿꼿하게 잘 펼쳐지게 해요. 하지만 다른 물체가 잎에 닿는 순간 그 물이 빠져 나가면서 잎이 힘을 잃고 움츠러들어요.

자귀나무는 밤이 되면 잎을 움츠리는데 밤에는 햇빛이 없어서 광합성으로 양분을 만들 수 없으므로 잎의 표면적을 줄여서 에너지 발산을 막으려는 것이에요.

29. 벌레잡이통풀, 네펜데스 알라타
Nepenthes

식충식물도 종류가 많아요. 이름부터 독특한 파리지옥, 사라세니아, 끈끈이주걱, 레드넥 등 생김새도 다양한 종류들이 저마다 다른 개성을 갖고 있어요.

식충식물, 벌레잡이통풀로 불리는 네펜데스 알라타는 줄기 끝으로 길게 늘어진 주머니가 인상적이죠. 보통의 식충식물과 달리 줄기 끝에 포충주머니가 있어 특히 개성이 돋보입니다.

포충주머니 속에는 자연스럽게 물이 생기는데 벌레들을 유인하는 역할을 합니다. 물이 쏟아지지 않도록 주의해주세요.

잎끝에 뾰족하게 생기는 포충주머니

네펜데스 알라타는 다 자라면 잎 끝에 뚜껑모양 같은 잎이 생기면서 완전한 포충주머니의 모습을 보여줍니다. 포충주머니 속 물이 마르면 포충주머니가 빨리 시들어 버립니다. 물관리와 햇빛조절을 잘 하면 오랫동안 포충주머니가 달려있습니다.

관리 팁

- ☀ **빛** : 실내보다는 햇빛이 잘 들고 바람이 잘 통하는 곳이 좋습니다.
- 🌡 **온도** : 추운 곳보다는 따뜻하고 습한 곳을 좋아합니다.
- 💧 **물** : 물은 겉흙이 마르기전에 흠뻑 줍니다. 물이 부족하면 잎과 포충주머니의 수분이 빠지면서 손상이 와요.
- 🪴 **화분** : 도자기화분이나 토분보다는 가볍고 바람이 잘 통하는 플라스틱 화분에 심어 걸어서 키우면 잎 끝에 포충주머니도 풍성해지고 관리도 수월해요.

30. 몬스테라
Monstera

천남성목에 속하는 몬스테라는 원산지가 멕시코와 파나마로 종류도 참 많은데요. 대중적으로 자리 잡은 델리시오사(Monstera deliciosa)는 일반 가드너는 물론 카페나 여러 상업공간에서 손꼽는 플랜테리어 식물이죠. 이 외에도 무늬종, 구멍이 많은 몬스테라 오블리쿠아 등 처음 보는 사람이라면 놀랄만큼 개성적인 종류들이 있어요..

몬스테라 열매

관리 팁

- ☀️ **빛** : 강한 햇빛을 피해서 밝은 빛이 있는 곳이 좋아요. 특히 새잎이 날 때는 유리창을 한 번 통과한 햇빛이 많이 필요합니다. 그래야 특유의 찢잎이 예쁘게 자리잡아요. 다 자란 몬스테라는 실내에서도 건강하게 유지됩니다.
- 💧 **물** : 건조한 것보다 습기를 좋아합니다. 겉흙이 바싹 마르면 화분 배수구로 물이 흘러 나올 만큼 흠뻑 줍니다.
- 🌡️ **온도** : 추위에 약해요. 베란다 등에서 키운다면 11~3월까지는 온도 관리에 신경을 써주세요. 낮은 기온에는 잎이 검게 변하듯 손상이 옵니다.
- 🌱 **번식 및 수경재배** : 성체가 된 잎 아랫부분을 잘라 유리병에 물을 채운 후 넣습니다. 테이블이나 창가 등에 놓으면 인테리어 효과도 좋아요. 기근과 잎을 같이 잘라서 화분에 식재해 개체를 늘릴 수도 있습니다.

몬스테라는 라틴어의 'monstrum(이상하다)'라는 뜻에서 유래되었어요. 왜 그 이름을 갖게 되었는지 키우면서 잎을 보면 알게되는 것 같아요.

숭숭, 몬스테라 잎의 구멍은 왜 있을까?

봉래초(蓬萊蕉)라고도 하는 몬스테라는 건조한 곳보다는 습기가 많은 곳에서 잘 자라요. 몬스테라속(屬)에는 30종 내외가 있으나 델리시오사 종이 가장 널리 알려져 있어요. 잎모양이 깃처럼 갈라지고, 군데군데 구멍이 파여 있어 폭우와 강한 바람에 견딜 수 있는 구조로 발달하였고, 밑에 달린 잎에 햇빛이 통할 수 있도록 성장해요. 원줄기는 굵고 초록색이며 마디에서 기근(氣根)이 내려 다른 물체에 붙어 올라가요. 흰뿌리가 너무 많이 나면 어색하게 느껴질 수도 있어요.
잎 사이의 구멍은 살아남기 위해 자연적으로 발달했어요. 큰 잎이 폭우와 강한 바람에 견디며 생존을 위해 스스로 변화한 형태예요.
몬스테라 델리시오사는 원 서식지에서는 열매도 맺어요. 이 열매는 식용이 가능한데 일부 나라에서는 델리시오사 열매가 귀하고 비싸서 별미로 인기라고 해요.

히메몬스테라 : 히메몬스테라는 많이 사랑받는 품종으로 지줏대를 해서 키워도 좋아요. 잘 자랄수록 마디 사이에 기근이 내려 다른 물체에 붙어 올라가는데요. 자연스러운 성장입니다.

31. 싸리
Lespedeza bicolor

싸리는 우리나라 전국의 산과 들에서 잘 자라는 식물입니다. 싸리가 많아서 햇싸리재, 싸리골 등 '싸리'가 들어가는 지명이 수백 개에 이를 만큼 어렵지 않게 만날 수 있는 토종식물이에요. 싸리도 종류가 다양한데요. 흰색 꽃이 피는 흰싸리, 잎 뒷면에 털이 많이 나고 잿빛을 띤 털싸리, 그 외에도 참싸리, 땅비싸리 등이 있어요. 겹잎을 이루는 잎과 나비모양의 꽃이 피면 수수하지만 아름다운 싸리만의 매력을 느낄 수 있어요.
요즘은 싸리 자체를 감상하려고 심어 가꿔요. 홈가드닝용으로 개량된 종류도 많이 유통되고 있어요.

조상들의 싸리 활용

2m이상 자라는 줄기는 가지가 많이 갈라지는 형태로 성장해요. 예전에는 싸리 꽃이 피면 꿀을 따고 줄기를 베어 회초리나 빗자루, 문짝 등에 널리 이용했어요. 싸리 가지는 엮어서 바구니, 채반, 고리, 술을 거를 때 쓰는 용수를 만들어서 사용하는 등 생활용품의 주재료로 많이 이용했어요. 뿐만 아니라 뿌리에는 뿌리혹박테리아가 기생하기 때문에 땅에 좋은 물질을 분비해서 풋거름으로도 썼어요.

분홍싸리 꽃

 **관리 팁**

- ☀ **빛** : 밝은 빛이 있는 곳이 좋아요. 햇빛이 풍부해야 잎이 건강하고 꽃도 볼 수 있어요.
- 💧 **물** : 겉흙이 마르면 흠뻑 줍니다. 야생에서 자라는 싸리와 달리 원예용으로 화분에 심어서 키운다면 물관리에 신경 써야 줄기와 잎이 마르지 않아요.

싸리 화분의 이끼

32. 둥근잎다정큼나무
Rhaphiolepis indica

둥근잎다정큼나무의 성장

비교적 두툼하고 둥근형태의 잎은 얼핏보면 동백나무 잎과 비슷해요. 하지만 잎의 끝부분이 살짝 뾰족한 동백과는 달리 장미목 장미과에 속하는 상록식물입니다. 일반 다정큼나무 잎이 타원형으로 길다면 둥근잎다정큼나무는 잎이 동글동글해요.

우리나라 제주도를 비롯한 남부지방과 일본이 주분포지예요. 해발고도 700m 이하의 기름지고 물빠짐이 좋은 곳에 많이 자생하는 걸로 알려져 있어요. 뿐만 아니라 소금기 있는 땅에서도 잘 자라는 특성이 있어 바닷가 근처 조경수로 쓰이기도 합니다.

둥근잎다정큼나무는 봄에 새잎이 날 때는 물이 부족하지 않게 하고 햇빛을 많이 받게 합니다. 그래야 잎이 예쁘게 자리잡아요. 만약 빛이 부족하면 줄기와 잎이 웃자라는 현상이 생깁니다. 빛이 부족해서 지나치게 웃자란 줄기는 가위를 이용해 잘라주면 그 옆으로 새잎을 다시 볼 수 있습니다. 이때는 햇빛을 충분히 받게 해야 합니다.

🍂 수형관리 팁

어린 나무를 구입했다면 아래쪽 잔가지를 자릅니다. 가늘게 위로 너무 많이 자랐다면 원하는 정도 높이에서 윗줄기와 옆줄기를 자르고 와이어로 고정해 수형을 잡아줍니다. 와이어는 나무 원굵기보다 너무 굵지 않은 정도가 좋아요.

🍂 화분 선택과 식재

화분에 식재할 때는 나무의 수형을 고려합니다. 그리고 최대한 단순하면서 은은한 느낌이 있는 화분으로 선택하면 잎의 개성을 더 많이 느낄 수 있어요. 요즘 많이 나오는 다양한 디자인의 화분이나 장식이 있는 화분은 그 자체로는 예쁘지만 식재를 했을 때 화분과 식물의 개성이 조화를 이루지 않는 경우가 있으므로 식재 전 화분과 수형의 조화를 고려합니다.

🌱 관리 팁

- ☀️ **빛** : 밝은 해가 있고 통풍이 잘 되는 베란다 창가가 좋아요.
- 💧 **물** : 겉흙이 바싹 마르면 흠뻑 줍니다. 매일 조금씩 자주 주는 것보다 화분 크기나 흙 종류의 비율, 계절 등을 고려해 흠뻑 줍니다. 물 부족으로 잎이 아래로 살짝 처졌다면 그늘에 두고 물을 흠뻑 주세요. 잎 손상이 올 수 있으므로 며칠 지난 후 줄기 아래쪽 잎을 살펴보고 손상된 잎은 손으로 따주세요.
- 🌰 **흙** : 일반 분갈이 흙에 중간 굵기의 마사를 20~30% 섞어 심으면 물빠짐이 좋고 뿌리 통풍에 좋습니다.

33. 루비산사나무
Crataegus Pinnatifida

루비산사나무의 봄날

꽃봉오리와 꽃

장미과에 속하는 루비산사나무는 봄에 피는 잔꽃과 여름부터 달리기 시작하는 열매가 매력적인 식물이에요. 긴 겨울이 끝나고 봄에 꽃이 피고 가을이면 빨갛게 익어가는 열매가 보석 루비를 닮았다고 해서 붙은 이름이라고 해요. 참 예쁜 이름을 가진 나무죠.
루비산사나무는 분재형태로 나무의 개성을 살리면서 수형을 만들면 멋을 한층 더 느낄 수 있어요.
햇볕 좋은 베란다에서 키우면 꽃과 열매를 보는 즐거움이 있어 좋아요.

관리 팁

- ☀ **빛** : 햇빛이 좋은 곳에서 키웁니다. 특히 꽃이 피는 봄에는 햇빛이 좋아야 합니다.
- 💧 **물** : 겉흙이 마르면 흠뻑 줍니다. 물이 부족하면 잎이 쳐지고 잔가지에 손상이 옵니다.
- 🪴 **화분 식재시** : 색감이나 형태가 단순한 게 좋습니다. 그래야 꽃과 열매를 더 개성있게 볼 수 있어요.

루비산사나무 열매(여름)

루비산사나무 열매(가을)

34. 백자단
Cotoneaster dammeri

주로 분재로 많이 키우는 백자단은 원산지에서는 해발 2,000m 이상의 고산지에 자생해요. 키는 1m 정도로 아담한 편이며, 줄기와 가지가 비스듬하게 기울 듯이 자라는 특징이 있어요. 온대 지역에 약 50종이 자생해요. 5~6월에 꽃이 핀 후 달리는 열매는 처음에는 녹색이었다가 가을부터 진홍색으로 익어요.

가지치기

이른 봄에 잔가지와 잎 정리를 해주면 좋아요. 새로운 잎이 많이 나는 시기에 가지치기를 하지 않으면 지나치게 무성한 잎이 꽃이나 열매맺기를 방해하고 특유의 개성있는 수형을 보기 어려울 수 있으므로 적절하게 가지치기를 합니다.

 **관리 팁**

- ☀ **빛**: 밝은 빛을 좋아합니다. 햇빛이 부족한 실내에서는 웃자라거나 꽃이 피지 않습니다.
- 💧 **물**: 겉흙이 마르면 흠뻑 줍니다. 물이 부족하면 잎이 아래로 처지고 잔가지에도 손상이 옵니다. 만약 물이 부족해 잎과 가지 손상이 왔다면 마른 잎과 줄기를 자르고 24시간 정도 저면관수를 한 후 밝은 곳에 두면 새잎이 납니다.
- 🪴 **화분**: 성장이 더디고 분재로 키우는 식물이므로 큰 화분보다 딱 맞는 화분에 심어서 키웁니다.

사각토분의 백자단

수형 특유의 개성과 그 모습을 예쁘게 보려고 단순하고 작은 화분에 심었어요. 화분 높이도 너무 높지 않은 걸 선택했어요.

겨울보리수나무는 비교적 작게 자라는 나무로 집 베란다 등에서 아담하게 키우기 적당해요. 특히 공간 여유가 많지 않은 아파트 걸이대와 베란다 등의 장소에서 돋보이는 식물이에요.
단순한 토분에 식재해, 곧은 직립 형태보다 뒤틀리듯 개성있는 수형을 유지하며 키우고 있어요.

잎의 뒷면은 은백색의 비늘털로 덮여있어요.

 보리수 이야기

슈베르트 가곡 '겨울나그네'에는 '성문 앞 샘물 곁에 서 있는 보리수'라는 노랫말이 나오는데 그 나무는 피나무의 한 종류로 보리수와는 달라요. 또 불교에서 부처가 보리수나무 밑에서 깨달음을 얻었다고 하는 이야기 속 보리수는 인도에서 자라는 종류의 보리수예요.

 보리수 열매

잘 익은 열매는 달고 맛있어서 예전에는 아이들이 군것질로 따 먹기도 하고, 잼을 만들거나 술을 빚는 재료로 이용했어요. 또 기침을 멎게 하고 기운을 돋우는 약으로도 썼어요. 보리수나무 꽃에는 꿀이 많아서 벌을 키우는 집에서는 둘레에 심기도 해요. 뿌리에서 땅에 좋은 물질이 나와 정원수로도 심어요.

 **관리 팁**

- ☀ **빛** : 햇빛이 좋은 곳에서 키웁니다. 햇빛이 좋아야 특유의 초록과 은빛 건강한 잎을 볼 수 있습니다.
- 💧 **물** : 겉흙이 마르면 아주 흠뻑 줍니다. 특히 새잎이 나는 시기에는 물이 부족하지 않아야 건강합니다.
- 🌱 **가지치기** : 새잎과 줄기가 나고 성장하면 원래 수형을 유지하기 위해 잔가지와 잎을 잘라줍니다. 가지치기를 하면서 키우면 특유의 개성을 느낄 수 있습니다.

35. 겨울보리수
Elaeagnus umbellata

보리수나무는 음악이나 종교 이야기에도 등장해 낭만적인 느낌이 들어요. 보리수나무과는 종류도 많아요. 우리나라 울릉도와 이남의 바닷가에서 많이 자라는 보리밥보리수나무가 있고, 일본이 원산지인 뜰보리수나무도 정원수로 많이 심는 종류입니다. 대체로 많은 보리수나무들이 4~6월에 잔꽃이 피고, 작고 붉은 열매가 달립니다. 뜰보리수나무는 열매가 비교적 크게 열리는 특징이 있는데 가을에 붉게 익으며 많은 시선을 불러 모읍니다.

보리수 열매

36. 풍로초
Geranium cinereum

작고 귀여운 잎이 매력적인 풍로초는 제라늄과에 속하는 여러해살이 식물이에요. 야생에서 풍성하게 모여 자랄때 꽃이 피면 더 눈길이 갑니다. 풍로초의 잔잎과 꽃을 개성있게 보려면 큰 화분보다는 작고 단순한 형태의 화분에 식재하면 좋아요.
풍로초는 시간이 지날수록 뿌리가 흙 위로 돌출되듯 자라요. 이때 뿌리에서 여러갈래 줄기가 나오는데 그 개체를 분리해서 화분을 늘려 키우는 즐거움도 커요.

관리 팁

- 빛 : 강한 직사광선을 피해서 밝은 곳에서 키웁니다. 햇빛이 좋으면 잎도 건강하고 꽃도 풍성하게 볼 수 있어요.
- 물 : 흙이 마르면 흠뻑 줍니다. 물이 부족하면 줄기와 잎이 말라요.
- 번식 : 화분이 가득 차도록 줄기가 많아지면 뿌리쪽으로 늘어난 개체를 분리해 따로 심어줍니다.

37. 미니편백
Chamaecyparis obtusa

측백나무과에 속하는 편백도 그 종류가 다양해요. 미니편백은 주로 키가 높게 자라는 일반 편백과 달리 작게 개량된 종류예요. 성장이 더딘 편이므로 작은 화분에 식재해 특유의 모양을 살릴 수 있도록 가지치기를 하면서 아담한 수형으로 키울 수 있어요.

가지치기

미니편백은 더디게 자라지만 계절을 거듭할수록 잎이 조금씩 늘어나 어느새 풍성해집니다. 1년에 1번 정도는 가위를 이용해 가지치기를 하면 적절한 형태를 유지하며 건강하게 볼 수 있습니다.

관리 팁

- ☀ 빛 : 그늘보다 밝은 해가 있는 곳에서 키웁니다.
- 💧 물 : 겉흙이 바싹 마르면 흠뻑 줍니다. 물이 부족하면 잎의 일부가 갈색으로 변합니다. 심하면 가지의 손상도 올 수 있습니다.

38. 엔젤스킨
Epipremnum aureum

원예용 식물 중에 그린인테리어 효과까지 좋은 식물을 꼽는다면 스킨답서스가 빠지지 않아요. 요즘은 다양하게 품종이 개량되어 여러 무늬종이 유통되고 있어요. 엔젤스킨의 원래 이름은 스킨답서스 픽투스예요. 잎 자체의 모양도 예쁘고 은은한 무늬도 아름다워서 관상용으로 사랑받는 품종이에요.

스킨답서스 종류는 관리가 쉽고 병충해에도 강해요. 뿐만 아니라 관엽식물 중에 일산화탄소 제거능력이 우수하다고 알려져 실내식물로도 좋아요. 특히 수경재배로 키울 수 있어 관리도 쉽고 햇빛의 양이 조금 부족해도 잘 자라서 상업공간이나 사무공간 등에서 키우기도 좋아요. 엔젤스킨 역시 햇빛이 적어도 잘 자라고 물 관리도 크게 어렵지 않아서 초보자에게도 추천하고 싶은 식물이에요.

🌱 관리 팁

- ☀️ **빛** : 강한 햇빛을 피해서 반그늘이나 그늘에서 키웁니다.
- 💧 **물** : 겉흙이 바싹 마르면 조금씩 자주 주는 것보다 한번에 흠뻑 줍니다.
- 🌡️ **온도** : 추위에는 약한 편이므로 창가나 거실 등 따뜻한 곳에 둡니다.
- 🌿 **줄기관리** : 줄기 마디마다 기근이 있어서 벽 등을 타고 자라게 키우거나 줄기 부분을 잘라 물에 꽂아 수경으로 번식시켜도 좋아요. 지나치게 늘어지면 줄기꽂이나 휘묻이를 해도 좋아요.

스킨답서스 종류는

소품과 함께 거실이나 현관 입구, 주방이나 베란다 등에 놓으면 공간을 돋보이게 하는 인테리어 효과도 있어요.

39. 왁스플라워
Chamelaucium uncinatum

호주가 원산지인 왁스플라워는 바늘처럼 생긴 잎에 광택이 나는 작은 꽃이 피는 아름다운 식물이에요. 꽃은 가운데 과즙이 들어 있는 부분을 둘러 싼 다섯 개의 동그란 꽃잎으로 구성되어 있어요. 작은 가지와 잎 사이에서 꽃이 피고 지는데 잎이나 꽃, 줄기를 만지면 기분 좋은 감귤류의 향기가 나요.

관리 팁

- ☀ 빛 : 강한 햇빛을 피해 밝은 곳이 좋아요. 특히 꽃이 피는 봄에는 햇빛의 양이 충분해야 풍성한 꽃을 볼 수 있어요.

- 💧 물 : 물이 부족하면 가느다란 잎이 말라서 떨어져요. 겉흙이 마르면 흙 위에 흠뻑 줍니다. 꽃봉오리가 생기기 시작하면 특히 물이 마르지 않게 해야해요.

40. 나폴리나이트
Peperomia Napolinight

라탄바구니 활용
작은 화분 그대로 라탄바구니에 넣어 베란다에 걸어서 키워요. 물을 많이 주지 않아도 되는 식물 중에서 골라 포트에 심은 뒤 라탄바구니에 담으면 보기 좋아요. 바구니 속에는 비닐 처리가 되어 있지만 페트병을 잘라 속에 넣으면 바구니의 오염을 방지할 수 있습니다.

매력적인 잎을 가진 페페로미아 나폴리나이트는 네덜란드가 원산지로 페페과에 속하는 개량품종이에요. 비교적 도톰한 잎 자체가 아름다워 키우면서 잎을 보는 즐거움이 커요. 다른 페페 종류와 비슷하게 연둣빛 꽃이 보송보송 길게 핍니다.

나폴리나이트는 강한 햇빛보다 간접광을 좋아해요. 기온이 25도 이상으로 높을 때 강한 햇빛에 오래 노출되면 잎 손상이 옵니다. 유리창을 한 번 통과한 정도의 밝은 빛에 놓고 키우면 고유의 색감과 은은한 필감을 볼 수 있어요.

관리 팁

- ☀ **빛** : 강한 햇빛을 피한 밝은 곳이 좋아요.
- 💧 **물** : 과습을 조심해주세요. 겉흙이 바싹 마르면 흠뻑 줍니다.
- 🌡 **온도** : 추위에 약하므로 겨울에는 실내로 들여서 관리합니다.

41. 벤쿠버제라늄
Pelargonium 'vancouver centennial'

관리 팁

- ☀ 빛 : 강한 해를 피해 밝은 곳에서 키웁니다. 강한 햇빛은 잎을 손상시킵니다.
- 💧 물 : 겉흙이 아주 바싹 마르면 흠뻑 줍니다. 과습을 조심합니다. 특히 습도와 기온이 높은 여름에는 물을 줄입니다.

제라늄도 종류가 워낙 많지만 그중에서도 잎이 예쁜 벤쿠버제라늄이에요. 햇빛을 잘 받으면 잎이 마치 단풍같아서 사계절 내내 아름다움을 느낄 수 있어요. 꽃은 붉게 피는데 잎과 쉽게 구별이 되지 않을 때도 있어요.

벤쿠버제라늄은 새 잎이 나면 아래쪽 잎은 시들어요. 시든 꽃은 물론 오래된 아래쪽 잎도 제거해야 깔끔하고 예쁘게 볼 수 있어요.

42. 해바라기
Helianthus annuus

화사하고 노란 빛깔의 큰 꽃볼이 매력적인 해바라기는 국화과에 속하는 식물이에요. 한해살이로 전국 각지에서 자라며 높이가 2m에 달하고 전체적으로 굳센 털이 있어요. 키가 워낙 크다보니 꽃이 피면 멀리서도 쉽게 보여요. 꽃은 주로 8월부터 피기 시작하는데 꽃지름은 8-60cm로 큰 편이고, 꽃 끝에 길고 부드러운 털이 있는 게 특징입니다.
요즘은 원예용으로 키가 낮고 꽃을 작게 개량한 해바라기를 개발하여 유통하고 있습니다. 작은 해바라기를 들이면 집에서도 화사한 꽃을 볼 수 있어요.

유용한 해바라기

해바라기 씨앗으로 만든 기름은 세계에서 콩기름과 야자유 다음으로 중요한 식물성 기름이에요. 해바라기씨는 단백질이 풍부하고 고급 불포화 지방산이 많이 들어 있어요. 또 해바라기의 씨와 줄기는 한약재로 쓰일 정도로 유용한 식물입니다.
뿐만 아니라 해바라기는 부와 행복을 준다고 전해져 화사한 해바라기 조화를 가게나 집 현관에 두는 분도 많아요.

관리 팁

- ☀ **빛** : 꽃봉오리가 올라오면 햇빛을 충분히 봐야 꽃이 활짝 핍니다. 꽃이 활짝 핀 뒤에는 반그늘로 옮깁니다.
- 💧 **물** : 겉흙이 마르면 흠뻑 줍니다. 물이 부족하면 꽃이 빨리 시들어요.
- **씨앗** : 잘 영근 씨앗을 말린 후 이듬해에 파종해서 번식합니다.

43. 크리스마스로즈
Helleborus niger

'크리스마스로즈', 설렘이 있는 12월의 크리스마스와 아름다운 장미가 연상되면서 왠지 낭만적인 감성이 돋죠. '나의 불안을 진정시켜주세요!' 라는 꽃말을 갖고 있는 크리스마스로즈는 중부 유럽, 지중해 연안, 서부 아시아에서 자생하는 여러해살이 식물이에요. 분류학자에 의하면 그 종류가 20여종이 된다고 해요.

처음에는 꽃이 흰색으로 피지만 조금씩 색상이 변합니다. 약간 초록빛에서 복숭아색, 나중에는 자색을 띠는데요. 꽃 한가운데 수술이 많고 그곳에 종자가 있어요. 개화기는 12~5월까지 차이가 있으며 꽃은 비교적 길게 볼 수 있어요.

봄이 되면 더 다양한 종류의 꽃을 볼 수 있지만 여러 가지 꽃이 절화용으로 개량된 것 중에 크리스마스로즈도 최근 절화로 나온 품종인데요. 꽃 모양을 살려서 부케 등에 다양하게 이용되고 있어요. 절화 위주로 많이 유통되다가 요즘은 원예용으로 만날 수 있어서 베란다나 야외 정원에서 키우기 좋아요. 다년생으로 사계절 초록색 잎을 감상하고, 겨울부터 봄까지는 풍성한 꽃을 볼 수 있어요.

관리 팁

- ☀ **빛** : 밝은 빛을 좋아합니다. 햇빛이 충분해야 잎이 건강하고 꽃을 풍성하게 볼 수 있어요.
- 💧 **물** : 겉흙이 마르면 흠뻑 줍니다. 물이 부족하면 잎이 마르고 줄기가 옆으로 처집니다.
- ✋ **기타 관리** : 꽃대가 시들면 바짝 잘라주세요. 새로운 꽃봉오리가 생겨 꽃이 더 풍성하게 핍니다.

흰색 꽃봉오리가 활짝 피면서 시간이 지날수록 다양한 색감을 보여줍니다.

꽃봉오리가 생기면 특히 물이 부족하지 않게 관리해 주세요.

44. 자연의 멋, 이끼
Bryophyta

창포 화분 속 이끼

이끼도 종류가 많고 성장하는 특성이나 모습도 다양해요. 씨앗 등으로 재배해 키운 후 판매하는 종류 중에 비단이끼는 테라리움 등 다른 식물과 사용하면 더 멋스러운 분위기를 연출합니다. 테라리움과 같이 인공적으로 식물과 함께 식재했다면 몇 달 동안은 괜찮지만 오래 건강하게 보려면 빛과 습도의 관리가 중요합니다.

인공적으로 재배한 이끼 외에 토분의 표면이나 식물에 이끼가 저절로 생기는 경우도 많아요. 해와 물이 적절하고 식물이 잘 자라면 토분 겉이나 화분 흙 위에도 생겨요. 이끼는 식물과 잘 어우러지며 식물 성장에 영향을 안 주는 것도 있지만 우산이끼 같은 종류가 물을 좋아하는 화분 위에 많이 생겼다면 이끼가 먹는 수분을 생각해 물 관리에 더 신경써주세요.

율마와 사이좋은 이끼

필레아 화분의 이끼

45. 디시디아 멜론
Dischidia

다양한 디시디아 중에서도 동글 납작한 잎에 세로 줄무늬가 매력적인 디시디아 멜론입니다. 디시디아도 잎 모양과 크기, 색상 등이 다른 여러 종류가 있는데요. 납작하고 통통한 잎의 디시디아 버튼, 디시디아 그린, 디시디아 화이트, 디시디아 애플 등 종류별로 개성이 달라요.

디시디아는 일반 관엽과는 조금 차이가 있는 걸이식물로 흙이 아닌 코코칩이나 이끼, 수태 등에 뿌리를 내려 자랍니다. 그래서 분갈이를 할 때도 흙으로 옮겨 심기보다 원래 자라는 환경에 코코칩이나 수태 등을 추가해 보습력을 높여주면 지속적으로 건강하게 키울 수 있습니다. 디시디아 멜론은 어느 정도 키우다가 숱이 늘어나면 좀더 큰 걸이토분에 수태를 추가해 옮깁니다.

시중에서 일반 걸이에 판매하는 제품은 장기간 키울 경우 물 관리에 어려움이 있어요. 시간이 지나면 줄기와 잎이 손상을 입어 숱이 줄어들어요. 구입 후 구멍토분이나 통풍이 잘되는 화분에 분갈이 해주면 됩니다.

관리 팁

- ☀ **빛**: 강한 햇빛을 피해 밝은 곳에서 키웁니다. 강한 햇빛에 오래 노출되면 잎이 손상을 입습니다.
- 💧 **물**: 수태나 코코칩 등의 표면이 바싹 마르면 흠뻑 줍니다. 한두 번 부어주거나 분무기로는 속까지 스미지 않을 수 있으므로 표면이 아주 촉촉해질 때까지 충분히 줍니다.
- 🌡 **온도**: 추위에 약한 편입니다. 새벽 기온이 많이 내려가는 1~3월까지는 베란다보다 거실 등 실내로 들입니다. 냉해를 입으면 건강하던 잎과 줄기의 형체가 사라지며 회복이 어려울 수 있습니다.

디시디아 멜론 건강하게 오래 키우기

시중에서 판매할 때는 주로 작은 플라스틱화분에 심고, 코코칩으로 뿌리가 고정되어 있어요. 화분에서 꺼내면 코코칩 밖으로 뿌리가 나와있어요. 그 상태에서 기존 화분의 2배 이상의 크기의 화분에 수분, 영양 보충이 되는 수태를 추가해 식재하면 됩니다. 플라스틱 화분만 제거하고 뿌리를 감싼 코코칩은 최대한 건드리지 않으면 문제없이 성장해요. 구입한 화분이 아주 작은 상태라면 2~3일마다 부지런히 물 관리를 해야 합니다. 큰 화분으로 옮겨주면 오래도록 풍성하게 볼 수 있어요.

가을 햇살에 잎이 물들어 가요.

 준비물 : 수태, 물, 화분

수태는 물에 적셔서 촉촉하게 준비합니다. 건조된 상태로 사용해도 무방하지만 물에 적당히 적시면 가루 날림이 적고, 꼼꼼하게 채우기 수월합니다. 수태에는 식물에 좋은 미생물 등이 많이 포함되어 토피어리를 만들어 화분으로 사용할 때나 걸이식물인 립살리스, 디시디아 등에 사용하면 성장 및 수분유지에 좋습니다.

물에 수태 적시기

화분에 수태 넣기

화분에 디시디아 멜론을 넣고 가장자리에 수태 채우기
핀셋이나 젓가락으로 꾹꾹 눌러가며 채웁니다.

큰 화분으로 옮긴 후 풍성하게 자라는 모습

46. 디시디아 밀리언하트
Dischidia

디시디아 밀리언하트 화이트입니다. 잎이 비교적 크고 도톰한 디시디아 화이트와 그린, 멜론과 달리 밀리언하트는 하트모양을 닮은 듯한 작은 잎이 개성 만점이에요.

> **디시디아 풍성하게 키우고 잘 관리하기**
>
> 디시디아 종류는 대부분 일반흙이 아닌 코코칩이나 수태 등에 뿌리를 내리고 자랍니다. 코코칩이나 수태로 뿌리 부분을 감싸서 판매하는 것을 구입한 후 그대로 키운다면 빠르게 수분이 증발되어 뿌리가 금세 마릅니다. 물 관리가 어려울 수 있으므로 토분에 넣어서 걸어 키우면 좋아요.

1) 수태를 활용한 토분 분갈이

수태를 물에 적셔, 핀셋으로 토분 안에 넣어주세요. 토분에 빈 공간이 많으면 건조가 더 빨리되고 수태도 시간이 지나며 부피가 줄어듭니다. 공간을 꾹꾹 잘 메워주듯 넣고 윗부분에도 수태를 조금 더 채워서 수분을 적당히 유지하게 합니다.

2) 걸이로 키우기

디시디아 밀리언하트는 작은 잎의 형태와 건강을 유지하기 위해 장소 선택도 중요합니다. 실내 빛이 적은 곳에 인테리어용으로만 두면 시간이 지나면서 잎의 무늬와 건강함이 사라집니다. 햇빛이 잘 드는 창가나 베란다 등에 걸어 놓고 키우면 좋습니다. 강한 직사광선을 피해 밝은 해가 드는 곳에 걸고 키우면 5~7월 사이에 작고 귀여운 꽃이 핍니다. 시간이 지날수록 수태의 보습력이 떨어져 물이 부족할 수 있으므로 1년에 한 번 정도는 수태 상태를 살펴보고 보충을 해주면 좋습니다.

3) 올바른 물주기

디시디아 밀리언하트는 습하게 관리하면 손상이 옵니다. 과습은 식물이 기본적으로 받아들일 수 있는 물의 양보다 지나치게 많을 때 줄기나 잎이 무르며 손상이 오는 현상을 말합니다. 밀리언하트를 구멍토분이나 플라스틱 용기에 담아서 키운다면 위쪽 표면의 수태나 코코칩이 아주 바싹 말랐을 때 흠뻑 줍니다. 윗부분에 물을 주면 바짝 마른 표면이 물을 바로 흡수하지 못하고 옆으로 흐릅니다. 주방에 들여서 시간을 두고 여러 번 나누어 물을 주거나, 용기에 물을 넣고 밀리언하트를 용기 채로 30분 정도 담아둡니다.

계절따라 차이가 있지만 춥고 성장이 활발하지 않은 한겨울과 공중 습도가 높은 한여름은 물주기를 줄입니다. 반면 봄과 가을에는 너무 건조해 잎이 손상되지 않도록 물을 공급하면 사계절 싱그러운 디시디아 밀리언하트를 함께 할 수 있습니다.

수태가 지나치게 건조하고, 잎도 쪼글거린다면 용기에 물을 담고 그 안에 1시간 정도 담아둡니다. 물이 너무 부족하면 잎 뒷면이 쪼글거리고 잎이 후두둑 떨어집니다.

4) 손상을 입었다면

만약 과습으로 무른 잎과 줄기가 있다면 그 부분을 모두 잘라내고 밝은 빛이 있는 곳에 걸어두고 건조하게 관리합니다. 시간이 조금 걸리지만 손상되지 않은 부분에서 새 잎이 나고 회복이 됩니다.

지나치게 건조하게 관리해 수분 부족으로 말라버린 잎과 줄기가 있다면 그 부분을 잘라줍니다. 용기에 물을 넣고 그곳에 밀리언하트를 30분 이상 둡니다. 물기를 뺀 후 베란다 밝은 곳에 걸어두고 3일 정도 같은 방법으로 수분을 공급합니다.

5) 번식하기

풍성해진 디시디아는 화분을 더 큰 곳으로 옮기는 것도 좋지만 화분 크기를 늘려 부피가 커지면 걸어서 키우는 데 부담이 있어요. 절반 정도 나누어서 새 화분에 옮기면 됩니다. 번식하는 방법은 간단합니다. 화분에서 수태와 함께 꺼낸 후 뿌리가 있는 곳을 나눕니다. 이때 줄기가 엉켜있다면 조심스럽게 풀어주세요.

디시디아 화이트

디시디아 버튼

47. 립살리스 슈도
Rhipsalis

립살리스는 브라질을 중심으로 플로리다부터 북부아르헨티나까지 여러 열대지역에 60여 종 정도가 분포하고 있어요. 자생지에서는 나무 위나 바위에서 착생형태로 자라요. 립살리스 중에 슈도는 납작하고 긴 잎이 늘어지는 모습이 특징이에요. 잎이 물들며 잎 가장자리로 알알이 달리는 열매와 꽃의 모습이 보석처럼 예쁘다고 해서 루비라고도 불립니다.

관리 팁

- ☀ **빛** : 강한 햇빛을 피해, 밝은 빛이 있는 곳에 걸어서 키웁니다. 베란다처럼 바람이 잘 통하고 유리창을 한번 통과한 빛이 있는 곳이 좋습니다. 강한 햇빛에는 잎이 타는 등 손상이 옵니다.

- 💧 **물** : 계절과 슈도를 심은 화분에 따라 차이가 있습니다. 11월부터 2월 정도까지는 표면이 바싹 마르면 줍니다. 보통 슈도는 일반 분갈이 흙이 아닌 코코칩이나 수태에서 자랍니다. 겨울이 지나고 비교적 기온이 올라가기 시작하는 3월부터는 표면이 마르면 흠뻑 많이 줍니다. 너무 오랫동안 물을 주지 않아서 코코칩 등 표면이 굳었다면 2일 정도 시간을 두고 하루 2~3번 정도 물을 줘서 뿌리 쪽까지 흠뻑 젖게 합니다. 잎이 넓은 슈도는 물을 받은 용기에 너무 오래 담그지 않아야 합니다. 특히 습한 계절에는 물에 담그지 않는 것이 좋습니다.

- 🪴 **화분** : 플라스틱 화분은 수분을 적당히 유지하기 어렵습니다. 전문 농장에서는 플라스틱에 심어 걸어놓고 관리하며 수분유지를 적절히 할 수 있지만 일반 베란다, 창가 등에서 키운다면 플라스틱 화분에서 장시간 키우며 물관리를 하기는 쉽지 않습니다. 보습력을 유지할 수 있는 걸이 화분 등에 옮기고 수태 등을 더 보충하면 좋습니다.

- 🌿 **립살리스 슈도 구입시** : 뿌리쪽 잎이 과습이나 건조 등으로 손상되지 않았는지, 잎에 상처는 나지 않았는지 잘 보고 선택합니다. 농장에서는 대부분 좋은 상태를 유지하지만 유통·판매되는 과정에서 손상이 올 수 있으므로 잘 살펴본 후 구입합니다.

 손상된 립살리스 슈도 회복·관리하기

열대 식물이면서 주로 코코칩이나 수태 등에서 자라는 립살리스 슈도는 물관리가 어려워 손상이 오기도 해요.

지나치게 건조해서 잎에 수분이 빠진 경우 : 비교적 기온이 낮은 계절에는 2~3일 정도 날을 잡아 햇살이 좋은 시간에 물을 흠뻑 줍니다. 하루 2~3회 정도가 적당해요. 반면 기온과 습도가 높은 계절에는 하루 1회 이상 시간 간격을 두고 줍니다. 한 번에 많은 양을 주는 것보다 나눠서 주면 서서히 수분을 흡수하여 잎에 수분이 스며듭니다.

과습으로 인해 뿌리쪽 줄기와 잎이 손상된 경우 : 물주기를 줄이고 심하게 훼손된 줄기와 뿌리는 자릅니다. 손상되지 않은 줄기와 잎은 다시 심습니다.

손상이 심한 슈도 손질과 옮겨심기

단골 꽃집에서 손상이 있는 슈도를 가져왔어요. 플라스틱 화분에 있어서 코코칩이 너무 마르다보니 원래 관리되던 하우스를 떠나 유통 과정에서 문제가 조금씩 생긴 거 같아요.

며칠 건조를 한 후 손상된 잎은 제거하고 그 중 건강한 줄기만 남기고 자릅니다. 그리고 수태를 이용해 다시 심고 물을 한 번 준 후 당분간 건조하게 관리하면 됩니다.

손상이 심한 모습

옮겨 심을 걸이화분

가위를 이용해 줄기 손질하기

식재를 마친 모습

48. 매력있는 에어플랜트의 세계 : 틸란드시아 Tillandsia cyanea

우리에게 익숙한 식물은 주로 흙이 있는 땅이나 화분에 뿌리를 내리고 살아요. 독특한 생존방식으로 우리에게 찾아온 식물도 있어요. 바로 틸란드시아에요. 에어플랜트(공중식물)로 불리는 틸란드시아는 파인애플과에 속하며 중남미가 주원산지로 일반적인 식물과 달리 흙 대신에 공기 중의 유기물과 습기, 미세먼지를 흡수하며 살아요. 처음 접하는 분이라면 흙도 화분도 없이 식물이 성장한다는 게 선뜻 이해되지 않을 수도 있어요.

에어플랜트는 비교적 최근에 국내에 수입되었어요. 우리나라에 수입, 소개된 기간에 비해 관심의 속도와 수요가 빠르게 늘어난 종류라고 할 수 있어요. 식물을 취미로 키우는 사람이 아니라도 관상용 식물이 젊은층은 물론 다양한 사람들의 일상에 스며들며 많은 관심을 받고 있어요. 그 중에서 독특한 식물로 틸란드시아가 관심을 끌고 있어요. 또 이전과 달리 황사나 미세먼지, 새집증후군 등 공기오염에 대한 문제가 지속적으로 발생하면서 공기정화에 대한 관심과 함께 키우기 까다롭지 않다는 특성으로 소비도 늘어나게 되었어요.
요즘은 많은 분들이 다양한 종류를 구입해 키우고 있어요. 유통 초창기에는 '흙도 분갈이도 필요 없고, 아무데나 두기만 해도 잘 자란다'는 말과 함께 관리가 필요없는 쉬운 식물로도 인식되었어요. 하지만 이건 사실과 많이 다릅니다.

에어플랜트, 정말 그냥 두기만해도 잘 자랄까?

수염틸란이라고 불리는 유스네오데스는 가장 초창기 국내에 소개된 에어플랜트 중 한 종류예요. 가느다란 은빛 실줄기 같은 잎이 아래로 길게 늘어지며 자라요. 얼핏 보면 긴 머리카락이 늘어진 듯 독특함이 처음 접하는 사람에게는 신기하게 보입니다. 하지만 햇살에 반짝이는 은빛줄기에 작게 피는 연둣빛깔 꽃을 보면 매력적이에요.

틸란드시아는 비가 적게 오는 건조한 지대부터 고산지대, 열대우림 등 다양한 환경에서 살던 식물이에요. 원산지에서는 여러 척박한 환경에서도 자생할 만큼 강하고 환경에 적응하는 능력이 뛰어난 식물로 알려져 있어요. 유통되면서 미세먼지를 잡고 공기정화에 좋은 식물로 인식되었지만 틸란드시아가 물을 주지 않고 별다른 관리가 없어도 다 잘 자라는 것은 아니에요. 적응력이 좋은 것은 원산지, 야생식물로 원래의 환경에서 자생할 때에 가능해요. 원예용으로 수입, 번식되는 틸란드시아는 대부분 꽃집이나 온라인 유통업체를 통해서 일반가정이나 상업공간 등 자생하던 곳의 환경과 많이 다른 곳에서 생활을 하게 돼요. 원산지와는 다른 환경이라는 부분을 생각해서 적절한 빛과 영양이 필요하고 키우는 장소의 올바른 선택은 물론 습도, 온도에 따라서 필요한 수분을 공급해야 오래 키울 수 있어요.

꽃은 어떻게 피울까요? 많은 식물이 그렇듯 틸란드시아도 꽃이 피면 그 개성을 더 멋스럽게 느낄 수 있어요. 종류에 따라서 시기는 차이가 있지만 대체로 봄에서 여름사이에 꽃을 볼 수가 있어요. 꽃을 피우는데 가장 중요한 조건은 햇빛과 수분이에요. 가정이나 상업공간에서 키운다면 베란다나 창가 등 햇빛이 좋은 장소에서 공간의 습도를 고려해서 적당한 수분이 공급되어야 해요. 대량 재배와 관리를 하는 농장에서는 전용 영양제 등을 물에 희석해서 뿌리기도 해요. 가정에서도 해가 좋은 곳에 두고 사계절 키우면서, 수분관리를 잘 하는 것으로도 식물의 건강은 물론 꽃을 보는데 큰 문제가 없어요.

 ### 에어플랜트와 멸종위기식물 세로그라피카

크기에서부터 일반 틸란드시아와 구분이 되는 대형 틸란드시아, 세로그라피카는 수명이 20년이 넘는 장수식물로 알려져 있어요. 넓고 큰 잎이 살짝 말리듯이 자라는 은빛의 잎은 자체로도 매력이 크죠. 하지만 세로그라피카는 멸종위기식물(CITES:멸종위기에 처한 야생 동,식물의 국제거래에 관한 협약)로 보호종에 속해요. 멸종위기식물이라고 해서 모두 제약을 받는 것은 아니에요. 세로그라피카는 보호종이지만 합법적으로 수입되어 국내에 소개되고 있어요. 이렇게 정상적인 경로를 통해 구입해 잘 키우고 번식하면 의미있는 가드닝이 될 수 있어요. 세로그라피카는 바람이 잘 통하고 밝은 빛이 좋은 곳에서 키우면 은빛 특유의 잎이 건강하게 자라며 몸집이 커질수록 잎의 웨이브도 자연스러워집니다.

에어플랜트도 번식을 하나요? 틸란드시아의 번식 : 클럼프

보통 식물의 뿌리는 흙 등에서 수분과 영양을 흡수해 줄기와 잎으로 전달하고 때로 번식을 하는 중요한 역할을 해요. 하지만 틸란드시아는 뿌리가 아닌 잎의 표면을 통해서 공기 중의 수분과 빛을 기본적으로 흡수해요. 아래쪽에 뿌리가 있지만 이 뿌리는 영양을 흡수하는 것과는 상관이 없으며 주로 다른 개체를 만들어내는 역할을 해요. 뿌리 주변으로 다른 개체나 줄기가 생기며 성장하는데 개체가 많이 생긴 상태의 틸란드시아를 '클럼프'라고 해요. 즉 '클럼프'란 공중식물들 중 모체에서 다른 개체가 생겨 두개 이상의 개체가 함께 있는 상태를 말해요. 이오난사 클럼프, 하리쉬 클럼프, 불보싸 클럼프 라는 단어는 새로운 종류가 아니라 모체옆에 새로운 개체가 더 있다는 뜻이에요. 즉 하리쉬 5P 클럼프는 모체를 포함해 4개의 개체가 더 있다는 것이고, 구매 시 갯수에 따라서 가격이 달라져요. 초보라면 클럼프보다 가격 부담이 적은 하나의 개체를 구매해 키우는 것이 좋아요.

처음 구입시 한 개였던 틸란드시아도 잘 자라면 다른 개체가 생기는 클럼프가 됩니다. 키우는 틸란드시아가 잘 자라 클럼프가 되는 걸 보면 정말 뿌듯하고 행복하죠.

모체에서 나온 줄기에 개체가 늘어난 플렉수오사 비비파라

플렉수오사 비비파라처럼 줄기에 생긴 개체는 줄기의 일부를 포함해 가위로 잘라냅니다.

> **클럼프 해체 방법과 시기**
>
> 클럼프는 너무 일찍 분리하기보다는 모체와 비슷해질 때까지 두는 게 좋아요. 일찍 해체하면 수는 늘릴 수 있지만 과습 등 여러 외부의 환경에 약해져요.
> 분리를 할 때는 손을 이용해 살짝 힘을 주면 됩니다.

에어플랜트의 멋을 살려요!

별도의 화분이 따로 필요없지만 에어플랜트를 건강하게 키우기 위해서 필요한 경우 와이어나 전용 거치대 등을 이용하면 좋아요. 특히 작고 가벼운 종류는 추락을 예방할 수 있도록 안전하고 바람이 잘 통하는 용기가 좋아요. 돌, 나뭇가지, 와이어, 유리용기 등 특별한 제한은 없지만 에어플랜트의 뿌리가 있는 쪽, 즉 수분이 많은 부분이 공중에 적절히 떠서 통풍이 잘 되도록 해주세요. 유리용기 등에 모래를 깔고 그곳에 뿌리가 닿도록 하거나 흙에 심는 것은 시간이 지나면서 줄기가 썩을 수 있으므로 조심합니다.

관리 팁

- ☀️ **빛** : 강한 햇빛을 피한 밝은 빛이 좋아요. 특히 9월부터 5월까지는 빛을 많이 받게 해야 잎 표면의 은빛이 건강하며 다양한 영양 활동을 할 수 있어요.

- 📍 **장소** : 실내보다 통풍이 잘 되는 베란다 같은 장소에 걸어서 키우면 좋아요. 실내에서 잠시 키우는 것은 건강에 큰 문제가 없지만 오랫동안 실내에서만 키우면 잎의 은빛이 줄고 색도 어둡게 변할 수 있어요.

- 💧 **물** : 물을 공급하는 방법은 종류와 키우는 장소, 습도, 계절에 따라 약간 달라요. 안드레아나와 유스네오데스처럼 조직이 가늘거나 길게 늘어지는 종류는 자체에 수분을 적게 저장하고 있어요. 그러므로 겨울 등 건조한 계절에는 5~7일 정도에 한 번 흠뻑 분무를 합니다. 유스네오데스처럼 빼곡한 잎이라면 속부분에 햇빛과 수분관리를 잘 해야 마르는 부분이 없이 건강해요.

- 👉 **영양** : 햇빛과 장소, 물 관리가 잘 되면 그것만으로도 잘 자랍니다. 많은 양을 키우거나 특별한 목적이 있다면 기본관리 외에 공중식물 전용 비료를 구입해 비율에 맞게 희석해서 분무합니다. 초보라면 최대한 비료나 영양제 사용은 자제하고 기본 관리를 잘 해주세요.

🌿 **틸란 특성별 물관리**

수염틸란 등 가느다란 잎의 종류 : 특성상 수분을 저장하고 있는 양이 적어 너무 마르지 않게 자주 분무를 합니다. 많이 말랐다면 3~4시간 이상 물에 푹 담가 둡니다.

버게리 등 중심 줄기가 두툼한 종류 : 잎과 중심 줄기의 자체수분력이 차이가 납니다. 물을 자주 공급하면 중심줄기 아래부터 과습으로 검게 손상이 올 수 있습니다. 잎이 말라 수분이 부족한 게 느껴지면, 싱크대로 가져와 걸어 놓고 시간 간격을 두고 물을 흠뻑 분무합니다. 말랐다고 물에 오래 담그면 잎은 수분을 보충하지만 중심 줄기가 과습에 노출될 수도 있으므로 조금 번거로워도 시간을 두고 물을 뿌리는 방식으로 줍니다.

휴스톤, 코튼캔디 등 보통 정도의 잎 : 잎에 수분을 어느 정도 저장하고 있으므로 샤워호스 등을 이용해 흠뻑 젖게 하면 됩니다.

에어플랜트 미니도감

에어플랜트는 비교적 작은 크기의 이오난사부터 시작해서 늘어지는 은빛 줄기가 개성인 유스네오데스, 멸종 보호종으로 지정되어 관리, 유통되는 세로그라피카를 비롯해 다양한 종류가 있어요.

유스네오데스

브락치 카울로스

인터메티아

이오난사

스트렙토필라

안드레아나

불보싸

휴스톤

버게리

스트릭타박

Chapter 02

식물의 가지치기

식물은 가만히 있는 것 같지만
오늘도 부지런히 움직입니다.
그렇게 식물은 봄, 여름, 가을, 겨울 계절마다
성장하고 다르게 활동합니다.
제한된 공간에서 생명을 부지런히 움직이는 식물들에게
가지치기를 해주세요.
처음부터 능숙하게 하지 않아도 좋아요.
내가 키우는 식물을 바라보며
어디로 손길을 보내야할지 잠시 시간을 내주세요.

1. 식물의 단장 : 가지치기

식물을 건강하게 잘 키우는 중요한 요소로 햇빛과 물, 흙을 꼽을 수가 있어요. 다음으로 빠지지 않는 게 있다면 바로 가지치기입니다. 식물은 저마다 특성에 맞는 고유의 수형이 있어요. 하지만 자연스럽게 두는 것만으로는 수형을 적당히 유지할 수 없어요. 즉 식물은 스스로 줄기나 잎, 가지 등을 조절하며 자라기 어려워요. 그래서 꼭 필요한 게 바로 가지치기예요. 특히 한해살이 식물이 아니라면 가지치기는 더 중요하고 적절한 시기에 해주는 것이 필요합니다. 넓은 정원에 식재한 정원수나 가로수뿐 아니라 원예용 식물에도 필요해요.

가지치기는 식물마다 적용방법이 아주 폭넓어요. 완벽하게 가지치기 방법을 알고 모든 나무에 적용하는 것은 쉽지 않지만 내가 키우는 식물에 꼭 필요한 부분은 기본적인 것을 알고 직접 하면 좋아요. 가지치기는 단순히 수형을 멋지게 만들기 위한 것도 포함할 수 있지만 그 이전에 식물이 실내외의 장소에서 적절한 부피를 유지할 수 있게 돕고, 병충해를 예방하며, 시간이 지날수록 더 건강하게 자라도록 하는 목적이 있어요.

2. 가지치기의 기본적인 방법

가지치기를 한다면 내 취향대로 그냥 하는 것보다 적절한 시기에, 식물의 종류에 따라서 올바른 방법으로 실행하는 것이 좋아요. 그러기 위해서는 우선 가지치기의 기본적인 방법을 알아봅니다.

1) 솎음 가지치기

주로 뿌리가 있는 지면에서 여러 개의 줄기가 자라는 포기형 식물에 적용하는 가지치기예요. 식물의 밑부분에서부터 시작해 전체적으로 잔가지의 수를 줄이는 방법이에요. 전체적인 모양을 유지하면서 잔가지 중에 외형을 보며 불필요하거나 많은 가지 중 일부를 잘라냅니다. 안쪽으로 자라는 가지나 서로 얽히거나 겹쳐진 가지 중에서 불필요한 가지도 잘라줍니다.

2) 절단 가지치기

가지를 중간 이상의 부분에서 짧게 자르는 가지치기의 방법이에요. 지나치게 부피가 크고 키가 위로 많이 자라는 종류에 적용하면 좋습니다. 너무 많이 잘라서 수형이 부자연스럽거나 자른 부분에서 가지가 나오지 않는 상황이 생기지 않도록 신중한 선택이 필요합니다.

3) 깎아 다듬기

표면을 전체적으로 한꺼번에 밀어주듯 자르는 방법의 가지치기예요. 보통 야외 주택 정원의 울타리나 거리의 가로수 등에 밀집한 나무의 어우러짐을 위해 자릅니다. 멀리서 보면 정돈된 듯 단정하게 보이지만 가까이서 보면 잎과 잔가지 구분 없이 한꺼번에 자르기 때문에 단독으로 키우는 침엽수나 남천같은 관엽식물 등에는 적합하지 않은 방법입니다. 꽝꽝나무나 야외정원에 빽빽하게 심은 키작은 나무 종류는 깎아 다듬기로 손질하기 좋아요.

율마 - 솎음가지치기 방법 활용하기

가지치기 실패하지 않기

나무가 커졌다고 해서 한 번에 싹둑 자르지 않습니다. 또 나무의 특성에 맞게 적합한 시기에 합니다. 낙엽수는 겨울, 상록수는 초여름, 침엽수는 초봄이 좋아요. 부피가 어느 정도 있는 가지를 쳤다면 도포제를 바릅니다. 낙엽수와 달리 상록활엽수와 침엽수는 잎이 없는 부분까지 너무 많이 잘라내면 손상이 크므로 주의합니다.

3. 가지치기의 시기

식물의 종류에 따라서 가지치기를 하기에 좋은 시기가 있어요. 정원수는 물론 베란다 등의 공간에서 키우고 있는 식물의 종류를 잘 파악한 후 적절한 시기를 선택하면 좋아요. 정원수로 키우는 식물도 침엽수와 계절성 영향을 많이 받는 낙엽수 등을 구분해서 가지치기를 합니다.

가지치기를 처음부터 잘 하기는 쉽지 않아요. 키우고 있는 식물이 어떤 종류인지, 또 계절에 맞게 어떤 성장을 하는지 알고 가지치기 여부를 정해 그 시기에 적절히 해줍니다.

1) 낙엽수

가지 끝에 예쁜 잎을 달고 있는 낙엽수는 여름에 영양분을 충분히 저장하고 늦가을부터 잎을 떨구며 겨울에는 휴면에 들어갑니다. 낙엽수는 잎을 떨구고 난 후 휴면 중일 때가 가지치기 시기로 적합해요. 휴면기에는 나무가 입는 손상이 적고 지나치게 많은 양을 자른 경우에도 말라죽을 걱정이 적어요. 뿐만 아니라 잎이 진 후라 가지 모양의 균형을 보며 가지를 자르기도 수월해요. 주로 아파트나 주택에 조경수로 심은 단풍나무가 겨울철 솎음 가지치기 방법을 사용하기 적절해요.

2) 상록수

1년 내내 무성한 잎을 볼 수 있는 상록수는 봄에 새로운 햇가지가 나기 전인 2~3월이 가지치기에 좋아요. 특히 정원에 식재한 소나무는 겨울이 끝난 후 형태를 보며 가지치기하면 수형을 만들기 적절해요.

3) 침엽수

우리나라에는 40여 종의 침엽수가 있어요. 구상나무, 가문비나무, 측백나무 등은 한라산과 지리산, 설악산, 덕유산 등의 고산지대에 분포하는 종류 외에도 우리 생활 속 가까이서 가로수와 정원수 등으로 밀접하게 함께 하고 있어요. 생활 속 가로수와 조경수 외에도 집 베란다 등에서 관상용으로 키운다면 해마다 적절한 손질을 해야해요. 측백나무 종류는 그냥 방치하면 외형에서는 금세 느끼지 못하지만 속가지가 갈색으로 변하며 말라서 손상이 옵니다. 이외에도 썰프레아나 블루아이스, 라인골드, 율마 등도 가지치기가 중요합니다.

4) 꽃을 관상하는 수종

꽃을 즐기는 수종은 나무의 건강은 물론 꽃을 보는 것이 중요합니다. 그러므로 꽃이 진 후 가지치기를 합니다. 가지치기로 꽃눈을 손상시키지는 것을 예방할 수 있기 때문이에요. 꽃이 피는 시기에 햇가지가 단단해야 하므로 꽃이 진 후 바로 하면 좋아요.

 가지치기에 필요한 도구(용품)

전정가위 : 가지치기를 할 때 사용하는 가위
꽃가위 : 꽃나무 가지나 잔가지를 자를 때 사용하는 가위
양손가위 : 비교적 큰 정원수나 침엽수 등 넓은 면적을 자르는데 사용하는 가위
전정톱 : 굵은 가지와 줄기를 자를 때 사용해요.
도포제 : 나무를 자른 면을 보호하는 상처보호제예요. 주로 목본류를 가지치기한 후 비교적 넓은 가지 표면의 조직을 감싸줘서 한동안 잡균이나 빗물 등으로부터 보호해줍니다. 실내 정원 등에서 키우는 작은 나무라면 종이 형태의 테이프 등을 사용해도 됩니다.

4. 가지치기로 매력이 자라는 식물

1) 좀배롱나무

높이가 5~6m 정도로 크게 자라며 구불구불 굽어지는 형태를 갖고 있는 배롱나무는 정원수로도 사랑받으며 거리에서도 볼 수 있는 나무예요. 중국이 원산지인 배롱나무는 추위에 약하다고 알려져 있지만 실제로는 추위에 강해요. 그래서 지역구분 없이 정원수와 가로수로 많이 식재하고 있어요. 원예용으로 개량된 좀배롱나무는 계절에 맞게 가지치기를 하면 아담한 수형을 만들 수 있고 건강한 새잎을 볼 수 있어요.

2) 피어리스

촘촘한 초록잎이 매력적인 피어리스는 사계절 싱그러운 잎을 감상할 수 있어요. 워낙 햇빛과 물을 좋아해서 해가 부족한 실내보다 밝은 빛이 있는 곳을 좋아하지만 기본적인 조건만 된다면 집에서 언제나 초록을 볼 수 있어 좋은 나무예요. 여름이 되면 작은 불꽃같은 특유의 꽃도 볼 수 있어요.

사계절 초록잎에 햇빛과 물만 풍부하면 성장도 빨라요. 적절한 시기에 가지치기를 하면 싱그러운 잎은 물론 꽃도 볼 수 있어요. 가지치기를 하지 않고 키우면 나무의 특성상 잔가지가 여기저기로 뻗어요. 동글동글한 모양을 유지하고 싶으면 돌출되는 줄기 안쪽을 조금 잘라서 모양을 잡아주며 키우면 됩니다.

피어리스 가지치기

잔잎이 촘촘한 피어리스는 표면을 한꺼번에 자르는 깎아다듬기가 적합하지 않아요. 나무 전체의 수형을 본 후 토피어리 등 모양을 유지하며 키운다면 잔가지와 잔잎을 섬세하게 잘라주세요. 절대 표면을 한번에 자르지 말고 잔가지를 잘라주세요.

3) 황금짜보

일본이 원산지인 황금짜보는 아담하게 키우면서도 편백의 아름다움을 느낄 수 있는 나무예요. 느린 성장을 보이지만 사계절 변함없이 촘촘한 잎이 해를 거듭할수록 매력적인 식물입니다. 성장이 더딘 수종이라 잔가지나 잎을 손질하는 게 아깝게 느껴질 수 있어요. 하지만 성장 상태를 보고 1년에 1~2회 정도 가지치기를 하면 더 건강하고 멋진 수형을 볼 수 있어요.

**어린 황금짜보가 가지치기와 함께
해를 거듭할수록 멋스러운 수형이 되는 모습**

Chapter 03

잎이
아름다운 식물

식물은 줄기와 잎, 꽃이 서로 다른 역할을 해요.
줄기가 뿌리와 잎을 부지런히 연결하는 통로 역할을 한다면
꽃은 꽃가루받이를 하고 씨앗을 만들어요.
잎은 광합성을 하고 양분을 만들어 식물의 성장을 담당해요.

오늘도 우리 곁에는
부지런히 일을 하고
꽃 이상의 즐거움을 주는
잎이 아름다운 식물이 있어요.
식물은 잎으로 우리에게 전해 줄
기분 좋은에너지를 만들기 위해
햇빛과 바람을 모으고 있어요.

1. 담쟁이
Parthenocissus tricuspidata

덩굴식물인 담쟁이는 주로 담장에 붙어서 자란다고 해서 갖게 된 이름이에요. 숲이나 바위 틈에서 저절로 자라는 종류가 많아요. 덩굴손의 갈라진 끝에는 표면에 잘 달라붙는 둥근 흡착근이 있어서 나무나 바위, 벽 등에 붙어서 잘 자라요. 벽면에 흡착하는 힘이 강해서 자연은 물론 도시 건물 외벽을 덮은 듯이 타고 자라는 모습도 많이 볼 수 있어요.

햇빛이 좋은 곳에서 자라는 담쟁이는 6~7월에 꽃이 피고 난 후 열매도 맺어요. 열매는 보통 8~9월이면 검은 빛으로 익는데 혈액순환에 좋고 건강에도 이로운 걸로 알려져 약으로 쓰이기도 합니다.

황금빛 잎이 아름다운 황금담쟁이

관리 팁

- ☀ **빛** : 실내 밝은 곳에서도 잘 자라고 야외 직광 해에서도 예쁘게 큽니다. 황금담쟁이와 꽃담쟁이는 햇빛이 너무 부족하면 특유의 잎색상을 느끼기 어려울 수 있어요. 담쟁이 종류따라 햇빛 공급을 적절히 해주세요.

- 💧 **물** : 계절따라 차이가 있지만 봄, 가을보다 더운 계절에는 물을 많이 줘야 합니다. 가을에 단풍이 든 후 잎은 떨어지고 겨울은 휴면기이므로 이때 물은 많이 신경 쓰지 않아도 됩니다.

- 🌱 **줄기** : 화분에서 키우는데 한 줄기만 너무 가늘게 늘어지면 끝쪽 적당한 부위를 잘라주면 굵게 키울 수 있습니다. 마디 사이 뿌리가 난 쪽을 잘라 심어서 번식할 수 있습니다.
휴면기가 끝나면 야외에서는 기온이나 그늘 등 장소따라 3~4월에 새 잎이 납니다. 야외에서 키운다면 4월까지 여유있게 기다려 주세요. 자칫 잘못된 줄 알고 뽑아 버리면 안됩니다.

꽃담쟁이

바위 틈에서 자라는 담쟁이

2. 비비추
Hosta longipes

비추는 꽃과 잎을 감상하기 위해 야외 정원이나 수목원 등에서 가꾸는 대표적인 식물 중 하나예요. 전세계적으로 꽃 색깔, 잎의 무늬, 크기 등에 따라 수백여 가지 이상의 품종이 개발·판매되고 있어요. 여름에 잎 사이로 꽃줄기가 나와 옅은 보라색 꽃이 피는데 벌을 키우는 곳에서는 먹이로 쓸 꿀을 얻으려고 근처에 심기도 해요.

길 가장자리의 꽃밭이나 공원 외에도 정원수로 주로 식재하는 종류와 개량종 등 다양한 원예 품종이 있어요. 정원에 주로 식재하는 종류가 잎이 길고 크다면 개발 품종들은 잎 크기가 작은 종류가 많아요. 비비추의 잎은 신부 꽃다발을 만드는데도 쓰고 어린 싹은 나물이나 샐러드 등 식용으로도 쓰여요.

흑산도비비추, 제주좀비비추, 복륜비비추, 황복륜무늬비비추, 대잎비비추, 산반무늬비비추, 노랑비비추 등 모양도 개성도 다른 종류가 많아요.

비비추는 종류따라 가격 차이도 큽니다. 주로 촉수당 가격이 정해지는 경우가 많은데요. 원래도 높은 가격이지만 촉수가 많으면 가격이 더 높아져요. 개성 있는 종류로 한 촉 정도 구입해 풍성하게 촉수를 늘려 키워도 좋아요.

수채화 같은 잎, 황금무늬비비추

황금무늬비비추는 가운데 잎은 연두색이고, 가장자리로 갈수록 진한 색을 띠는데요. 햇빛을 많이 받으면 잎 가운데 연두색이 조금씩 황금빛으로 변해요. 기온이 적당하고 수분과 햇빛 관리가 잘 될 때는 오전 시간 잎 끝마다 대롱대롱 물방울이 달리기도 해요.

관리 팁

☀️ **빛** : 실내나 햇빛이 적은 곳보다 밝은 해가 많이 드는 곳이 좋아요. 그래야 비비추 특유의 색감과 무늬를 더 예쁘게 볼 수 있습니다.

💧 **물** : 계절에 따라 물주기가 다릅니다. 휴면이 끝나가고 뿌리가 활동을 시작하는 1, 2월부터는 화분을 잘 살펴보며 물의 양을 늘려갑니다. 새잎이 나온 후는 화분이 너무 마르지 않도록 장소와 햇빛 양을 고려해 충분히 줍니다. 성장기에 지속적으로 물이 부족하면 뿌리 쪽에 나는 자구(새 촉수)도 적게 나오거나 나지 않습니다. 잎과 줄기가 말라가고 기온이 내려가면 물주기를 줄입니다.

🪴 **화분** : 비비추는 꽃이 피는 식물이지만 잎 자체를 개성있게 보는 식물이므로 너무 높은 형태보다 낮으면서 컬러가 단순한 화분을 고르면 비비추 잎을 더 돋보이게 볼 수 있어요.

🌱 **휴면기 관리** : 비비추는 다년생이지만 기온이 떨어지는 늦가을부터 겨울은 흙 속 뿌리만 남긴 채 휴면을 합니다. 보통은 더위가 시작되는 7월부터 잎의 모양이나 무늬가 원래의 빛을 잃고 안예쁜 모양으로 변하고 가을부터 시들기 시작해요. 추워지면서 잎이 마르는데, 이때 손상이라고 생각해서 버리는 경우가 있어요. 자연스러운 현상이므로 화분 그대로 겨울을 난 후 2월 정도부터 밝은 곳에 두고 물을 잘 주며 새싹이 올라오도록 해주세요.

12월, 휴면기의 비비추

잎을 가장 예쁘게 볼 수 있는 4월의 비비추

좀비비추의 꽃봉오리

3. 칼라데아
calathea

칼라데아는 잎의 모양이나 크기, 줄기의 높이, 색상 등 저마다 개성있는 잎맥을 자랑해요. 10여 종 정도가 원예품종으로 유통되고 있어요. 비교적 위로 뻗은 줄기와 잎이 긴 칼라데아 진저와 정글로즈, 오나타, 비타타, 마란타, 메달리온, 마코야나, 프레디 등 종류별로 조금씩 다른 잎의 특성을 지녀 아름답게 볼 수 있는 식물이에요.

관리 팁

- **빛** : 강한 햇빛을 피해 밝은 곳에서 키웁니다. 강한 해를 오래 받으면 잎끝이 손상됩니다. 반면 빛이 너무 없는 곳에 두어도 잎이 건강하지 않고 아래로 처집니다.
- **물** : 겉흙이 바싹 마르면 흠뻑 줍니다. 물을 많이 주어도 과습으로 손상이 올 수 있습니다. 겨울철에는 다른 계절보다 물주기를 줄입니다.
- **온도** : 추위에 약합니다. 잘 자라다가 겨울철에 베란다 등에서 냉해를 입는 경우가 많습니다. 지역에 따른 차이는 있지만 12월부터 3월까지는 실내로 들여서 관리를 합니다.

칼라데아 정글로즈

> 정글로즈는 거칠듯하면서 컬러감이 개성 있는 베트남 토분에 키우고 있어요. 식물에게 이상적이라고 하는 형태로, 위는 좀 더 넓고 아래는 좁아지는 선을 지닌 모습이 예쁘죠.

칼라데아 마란타

칼라데아 비타타

칼라데아 오나타

4. 고려사자석위
Pyrrosia lingua

개성있는 잎을 가진 식물이 참 많아요. 꼬불꼬불 그 잎의 개성과 매력에서 빠지지 않는 양치식물 고려사자석위도 잎이 독특해요. 고려사자석위는 너무 건조한 환경보다는 공중 습도는 물론 화분의 수분도 적당해야 잘 자라요.

고려사자석위와 세뿔석위

고려사자석위의 꼬불거리는 잎과 세뿔석위는 서로 다른 개성이 있어요.
석위는 새잎이 나는 봄부터 물관리에 신경 써주세요. 줄기 아래쪽을 유심히 살펴보면 새잎이나 새잎 상태를 알 수 있어요. 새잎이 나며 건강하게 자라는 석위는 잎이 특유의 형태를 보이며 큰 잎으로 성장해요. 반면 물이 부족하거나 상태가 안 좋으면 잎이 갈색으로 마르며 성장도 하지 않고 줄기에 수분이 빠지며 풍성함이 줄어요.

세뿔석위

세뿔석위

 관리 팁

- ☀️ **빛** : 반음지식물입니다. 강한 햇빛보다 반그늘이나 유리창을 한 번 통과한 정도의 밝은 빛이 좋아요.
- 💧 **물** : 적당한 수분을 좋아합니다. 겉흙이 마르면 배수구로 물이 흘러나올 정도로 흠뻑 주세요. 더운 계절에는 일주일에 한 번 정도는 수돗가에서 흙에 물을 여러 번 흠뻑 줘서 수분을 충분히 흡수하도록 합니다.
- 🌰 **흙** : 물빠짐이 좋도록 일반 분갈이 흙에 중간 정도 굵기 마사를 섞어줍니다. 마사를 30% 이상 섞으면 물관리가 어려울 수 있으므로 그 부분을 고려합니다.
- 🪴 **화분선택** : 지나치게 문양이 많거나 화려한 색감보다 은은한 화분을 선택하면 석위 잎의 개성을 더 느낄 수 있습니다. 양이 많은 석위라면 돌화분보다 일반 화분에 심어 풍성하게 보고, 양이 적으면 돌화분에 심어도 좋아요.
- ✋ **손상에 대처하기** : 강한 햇빛으로 잎 가장자리가 말랐다면 그 줄기는 조심스럽게 뽑아주세요. 보통 2~6월은 새 잎이 많이 나는 성장기입니다. 이때 물이 부족하면 새로 나는 잎이 나오다가 갈색으로 말린듯하면서 손상이 옵니다. 말랐다면 그 줄기만 뽑아내고 물을 많이 주세요.
- ❓ **처음 키운다면** : 석위의 종류따라 차이는 있지만 대체로 가격이 부담스러운 편입니다. 양치식물의 특성상 성장이 좋은편이므로 처음에는 작은 화분을 들여 풍성해지도록 키우는 것도 좋아요.

5. 반딧불털머위
Farfugium japonicum

초록잎에 반딧불이 찾아와 살포시 앉은 듯한 느낌의 매력적인 잎을 가진 반딧불털머위는 잎을 보는 즐거움이 커요. 초롱꽃목 국화과에 속하는 머위는 여러해살이 식물로 남부지방이나 울릉도, 제주도 바닷가는 물론 바위 아래 등 여러 곳에서 자라요. 머위도 종류가 많은데요. 시중에 많이 유통되는 식용 머위는 긴 잎자루를 이용해 다양한 식자재로 쓰이고 한방과 민간에서는 뿌리와 줄기, 잎 전체가 진통과 진정 등의 효과가 있어 약재로도 쓰여요.

잎에서 느껴지는 특유의 무늬가 예뻐서 사랑받는 반딧불털머위는 봄부터 잎을 멋스럽게 볼 수 있어요. 겨울 동안은 잎의 개성을 감추고 평범하게 잠을 자듯 지내다가 봄이 오면서 잠에서 깨듯 더 예뻐질 준비를 해요. 그리고 가을까지 아름다운 반딧불 느낌의 잎을 보여줍니다. 가을에는 노란색의 꽃도 핍니다. 꽃 못지않게 잎이 매력적이라 야외 정원식물로도 좋아요.

관리 팁

- **빛** : 강한 햇빛을 피해 밝은 곳에서 키웁니다. 야외 정원에서는 반그늘에서 잘 자라요. 기온이 높을 때 야외에 오래 두면 잎이 빨리 시들거나 무늬가 탈 수 있으므로 야외에서 키운다면 해가 바로 드는 곳보다 담장 아래나 큰나무 아래 등이 좋아요. 베란다 같은 실내에서 키운다면 빛이 적은 곳보다 밝은 해가 많이 드는 창가에서 키웁니다. 밝은 빛을 많이 받아야 잎에 있는 고유의 반딧불 모양 무늬가 예쁘게 생겨요.

- **물** : 물을 좋아해요. 계절에 따라 차이가 있지만 주로 많이 성장하는 2월부터는 흙이 너무 마르지 않도록 흠뻑 줍니다. 특히 6~8월 기온이 높을 때는 물이 부족하지 않아야 잎이 건강합니다.

- **번식** : 화분을 살펴보고 여러 촉으로 개체가 늘었다면 분리해서 나눠서 심고 기존의 화분 흙도 보습을 좋게 합니다. 개체가 늘어난 상태에서 기존의 화분에 오래 두게 되면 물과 영양의 부족이 올 수 있어요.

- **구입시** : 시중에는 보통 2월부터 많이 유통이 됩니다. 한 촉씩 판매하는 경우가 많은데 잎의 상태보다 줄기가 튼튼하게 여러 개 인지 확인합니다. 구멍난 잎이 있거나 잎에 약간의 상처가 있는 것은 괜찮아요. 뿌리가 건강한 상태라면 잎은 시들어도 새로 나고 건강하게 키울 수 있기 때문에요.

- **기타 관리** : 잎에 선명하던 노란색 무늬가 흐려지면서 전체적으로 누런 느낌이 난다면, 잎이 시간이 지나면서 꽃처럼 시들어 가는 정상적인 과정이에요. 여러해살이 식물이라 일정 시간이 지나면 잎이 선명하고 아름다운 모습을 보여준 후 시들어요. 자연스러운 현상이므로 이때는 시든 잎을 바짝 잘라줍니다. 화분에 물을 잘 줘도 새잎이 적거나 잎이 빨리 시든다면 화분에 뿌리가 너무 꽉 차서 분갈이가 필요한 건 아닌지 체크합니다.

반딧불털머위 번식: 포기나누기

반딧불털머위는 뿌리 쪽으로 개체가 생겨요. 동일한 형태로 뿌리와 줄기, 잎이 다 있는 개체가 생기면 화분에서 뽑아 분리하는 포기나누기를 하면 됩니다. 반딧불털머위가 봄이 되었는데도 새잎이 안나고 성장이 더디면 화분에 뿌리가 차있는 건 아닌지 체크하고 분갈이나 포기나누기 등 필요한 방법을 찾아 해결하면 예쁜 잎을 건강하고 풍성하게 볼 수 있어요. 한 포기였을 때 적절했던 화분은 잘 자라 다른 개체가 생기면 화분 속의 흙은 줄어들고 뿌리로 가득 차 있을 수 있어요. 그로 인해 물과 영양부족 등 전체적으로 문제가 생겨요. 만약 야외 정원에 심는다면 약간 그늘이 생기는 곳에 간격을 두고 심으면 풍성한 반딧불정원을 만들 수 있어요.

분리하기 전 오래된 잎은 잘라줍니다.
묵은 잎, 시든잎을 적절한 시기에 잘라야 새로운 잎이 잘 나고 기존의 건강한 잎을 오래 볼 수 있어요.

촉이 다른 개체의 뿌리와 엉키거나 손상되지 않도록 잘 분리 합니다.

화분에서 빼낸 직후의 모습
뿌리가 지나치게 길고 숱이 많다면 아래쪽 1/3 정도를 잘라도 됩니다.

하나씩 분리한 모습

줄기와 잎, 뿌리가 손상되지 않도록 조심하며 화분에 한 촉씩 따로 심어요.
새화분에 심을 때는 물빠짐도 좋게 하기 위해 일반 분갈이흙과 마사 비율을 7:3 정도로 섞어요.

6. 칼라디움
Caladium xhortulanum Birdsey

관리 팁

- ☀ **빛** : 강한 햇빛을 피해 밝은 곳에서 키웁니다. 활동기에 빛이 좋아야 개성 있는 빛깔을 볼 수 있어요.
- 💧 **물** : 계절따라 차이가 있지만 잎이 풍성하게 나고 겉흙이 마르면 흠뻑 줍니다.
- 🌱 **휴면기 관리** : 서늘한 바람이 불면서 휴면을 준비할 때는 잎과 줄기가 사라집니다. 잘못된 것이 아니므로 물주기는 줄이고 서늘한 곳에 둔 후 봄을 맞이합니다. 화분에 알뿌리로 심은 후에는 새순이 나올 때까지 물을 잘 줍니다.

비교적 큰 잎에 특유의 붉은 빛이 도는 색감이 매력 있는 칼라디움은 그 잎만 봐도 멋져요. 열대, 남아메리카가 원산지로 종류도 다양해요. 주로 분홍색과 붉은색, 초록색 등 여러 교잡종이 원예용으로 유통되고 있어요. 몇 년 전부터는 품종개량된 흰색 무늬 칼라디움 '스노우 화이트 박'도 많이 사랑받고 있어요. 주로 구근으로 번식하는 칼라디움은 계절에 따라 다른 성장과 모습을 보여요.

작은 톱니바퀴를 닮은 듯한 잎에 흰색 무늬가 매력인 무늬병풀은 잎에서 풍기는 은은한 향기도 좋아요. 줄기는 덩굴성을 띠고 있어서 노지에서는 바닥이나 벽 등을 타고 자라기도 해요. 화분에 심는다면 지줏대를 하는 것도 좋지만 좋지만 높이가 있는 화분에 식재해 적당한 길이를 유지하며 늘어지게 키우면 특유의 매력을 느낄 수 있어요.

7. 무늬병풀
Glecoma hederacea 'Variegata'

작은 화분에서 큰 화분으로 옮기면 더 건강하게 오래 키울 수 있어요.

관리 팁

- **빛** : 밝은 햇빛이 있는 곳이 좋아요. 햇빛이 충분해야 잎의 색이 선명하고 건강합니다.
- **물** : 계절과 장소, 화분 크기에 따라 차이는 있지만 겉흙이 바싹 마르면 흠뻑 줍니다. 화분이 작고 흙이 빨리 마르면 그 부분을 고려해 물의 양을 조절합니다.
- **흙과 화분** : 흙은 물빠짐이 좋은 마사를 조금 섞어주세요. 작고 낮은 형태보다 넉넉한 크기에 높이가 있는 것이 좋아요. 뿌리가 잘 발달해 화분에 빨리 차게 되므로 그 부분을 고려합니다.
- **온도** : 추위에 비교적 강해서 남부지방은 월동이 가능하고, 그 외의 지역은 영하 5도 정도까지 강해요. 아파트는 베란다 밝은 곳에 두면 겨울을 나는데 문제가 없어요.
- **번식** : 건강하게 늘어진 줄기는 마디 사이 뿌리가 잘 나는 곳을 묻어서 키우거나, 잘라서 물꽂이를 해서 번식하면 됩니다.

물주기 팁

물은 조금씩 자주 주는 것보다 속뿌리와 흙이 충분히 물을 흡수하고 배수구로 흘러나올 만큼 흠뻑 줍니다. 무늬병풀은 잎이 물에 닿는 것을 좋아하지 않으므로 물을 줄 때는 입구가 좁은 용기를 이용해 흙에 줍니다.

문제 대처하기

- 잎이 힘없이 아래로 쳐진다면, 물을 언제 줬는지 체크하고 물을 준 지 며칠 지났다면 흠뻑 줍니다.
- 물을 잘 줘도 잎과 줄기가 쳐지고 손상이 온다면, 물을 너무 자주 준 건 아닌지, 화분 속에 뿌리로 꽉 차 분갈이 할 때가 지난 건 아닌지 체크합니다.
- 줄기의 마디 사이 간격이 지나치게 넓고, 잎에 무늬가 선명하지 않다면, 햇빛이 너무 부족한 곳이나 그늘이 아닌지 살펴보고 해가 좋은 곳에서 키웁니다.
- 물부족이나 통풍 부족 등으로 줄기가 손상되었다면, 손상된 줄기는 자릅니다. 물을 흠뻑 준 후 밝고 바람이 잘 통하는 곳에 둡니다. 뿌리까지 손상된 게 아니라면 새잎이 건강하게 납니다.

8. 안스리움 클라리네비움
Anthurium clarinervium

선명한 하트 모양의 잎에, 녹색표면의 벨벳 느낌이 아름다운 안스리움 클라리네비움이에요. 다양한 관엽식물 중에서 큼직한 하트모양에 섬세한 잎맥이 특히 인상적이에요. 잎 사이에서 기다란 줄기가 생겨 곤봉모양을 닮은 '육수꽃차례'라고 하는 불염포가 올라오는데 그 모습도 새로워요. 한겨울 추위와 과습을 조심하면 사계절 아름다운 잎을 볼 수 있는 식물입니다.

불염포와 육수꽃차례

천남성과와 창포과, 옥수수와 벼 등의 식물에서 주로 볼 수 있는 '포'는 오돌토돌한 도깨비방망이처럼 생긴 꽃을 감싸고 있는 부분을 말해요. 곤봉이나 회초리 모양의 꽃을 감싸고 있는 '포'가 변형되어 마치 꽃처럼 보이기도 해요. 카라와 스파티필름, 포인세티아, 꽃기린 등 여러 식물에 발달해 꽃처럼 관상할 수 있어요. 이렇게 포가 대형으로 변형된 경우를 불염포라고 부릅니다. 또 꽃대가 굵고, 꽃대 주위에 꽃자루가 없이 작은 꽃들이 핀 것을 '육수꽃차례' 혹은 '육수화서'라고 합니다.

새잎 만들기, 풍성하게 키우기

안스리움 클라리네비움의 잎이 6개월 이상 지속적으로 변화가 없거나 잎의 숫자가 적어 풍성하게 키우고 싶다면 물주는 양을 확인합니다. 베란다의 방향이나 햇빛 양, 기온, 날씨 등에 따라 차이가 있지만 너무 건조하게 관리를 했다면 물 양을 늘려보세요. 베란다에 해가 적고 기온이 너무 낮다면 위치를 옮겨주세요. 안스리움은 건조에 강한 편이지만 환경 등에 비해 과습이면 뿌리가 썩을 수 있어요. 잎이 풍성하고 화분과 조화롭게 건강한 잎을 유지하고 있다면 겉흙이 바싹 말랐을 때 물을 흠뻑 주세요.

뿌리 위쪽으로 새잎이 올라와서 성장하는 모습

 관리 팁

- ☀ **빛** : 강한 햇빛을 피해 밝은 곳에 둡니다. 완전히 자란 성체잎은 그늘도 괜찮아요.
- 💧 **물** : 겉흙이 바싹 마르면 흠뻑 줍니다. 습하게 관리하면 뿌리가 썩을 수 있으므로 조금씩 자주 주는 것보다 기온과 습도, 장소 등을 고려해 맑은 날 흠뻑 줍니다. 간혹 번역된 가드닝도서나 온라인 등에는 흙이 항상 젖어있도록 관리하라고 하는데 이것은 더운 원산지에서의 관리방법입니다. 우리나라에서 화분에 식재해 키울 때는 화분 흙이 오래 젖어 있게 관리하면 뿌리가 썩을 수 있습니다. 꼭 계절과 장소, 화분크기 등 상황에 맞게 물을 줘야 합니다. 과습을 주의해주세요.
- 🪴 **흙** : 일반 분갈이 흙에 소량의 가는 마사를 8:2로 사용해요. 맨 위에는 흙 상태를 볼 수 있도록 마사 등은 얹지 않는 게 좋아요.
- 🪣 **화분** : 색감이나 디자인이 너무 강한 것보다 단순한 형태를 선택하면 벨벳 느낌의 하트 잎을 더 돋보이게 볼 수 있어요.
- 🌡 **온도** : 겨울철에는 냉해를 조심합니다. 밤낮의 기온차가 크다면 베란다보다 거실처럼 따뜻한 곳이 좋아요.
- 🌱 **새잎 관리** : 새잎이 날 때는 유리창을 한 번 통과한 정도의 밝은 빛이 있는 곳에 둡니다. 햇빛과 물이 적당해야 특유의 잎모양을 유지하며 잘 성장합니다. 새잎이 보이기 시작하면 자주 관찰하며 잎이 다른 줄기 사이에 끼이는 현상이 생기지 않도록 살펴보세요. 또 물은 날씨가 좋은 날 낮에 줘서 흡수하고 남은 수분이 건조되도록 해주세요. 새잎은 성체잎과 달리 수분을 잘 조절해야 잎이 펴지며 형태가 잘 유지됩니다.

chapter 04

개성있는 그린인테리어

화분 속 싱그러움 가득한
식물리스를 만들어
특별한 그린인테리어를 해보세요.
평범한 식물이
우리 일상에서 조금 더
특별하게 느껴질 거에요.

1. 푸미라 화분리스
Ficus Pumila 'Variegata'

화분과 식물리스

식물은 종류에 따라서 식재법과 키우는 방법 등이 다양합니다. 보편적으로 일반 화분에 흙을 넣고 식재해 키우는 것부터 화분이 없이 공기 중에서 자라는 에어플랜트, 수태나 바크 등에 식재해 걸어서 키우는 행잉플랜트, 물에서 키우는 수경식물 등 특성과 공간에 따라서 다양하게 키울 수 있어요.

화분리스는 늘어지는 식물을 와이어 같은 힘이 있는 지줏대 등을 이용해서 감아서 키우는 방법이에요. 늘어지는 식물이라고 해서 모두 적절한 것은 아니지만 식물의 특성이나 성장 형태를 고려해 화분에 지줏대를 만들어 리스 형태로 키우면 식물을 새롭게 볼 수 있고 공간의 인테리어 효과를 높일 수도 있어요.

화분리스의 식물을 선택할 때는 사계절 초록잎을 볼 수 있는 상록성 잎을 가진 식물이 좋아요. 착생력이나 늘어짐이 좋은 담쟁이를 선택해서 화분에 리스를 만든다면 겨울 한 계절은 잎을 모두 떨구는 단점이 있어요. 그런 부분을 고려해 식물을 선택합니다. 화분리스로 적절한 식물 중에서 일반 화원에서 비교적 쉽게 구입할 수 있고 관리법도 어렵지 않은 식물로 대표적인 종류를 꼽는다면 푸미라와 아이비예요.

푸미라 리스

초록잎에 가장자리 흰무늬가 있어 싱그러운 푸미라의 정식 명칭은 무늬모람(Ficus pumila 'variegata')이에요. 잎에서 사그락 소리가 나는 푸미라는 늘어지게 키워도 좋고 벽이나 나무 등을 타고 자라는 착생력의 특성에 맞게 지줏대를 만들어 모양을 내며 키우기 좋아요.

푸미라는 성장력이 좋아서 일반 화분에 심어서 키우면 잎이 많이 늘어지고 그 줄기가 다른 식물과 엉키는 경우도 있어요. 그래서 공간 한쪽에 두고 키우다가 물주는 시기를 놓쳐서 어느 순간 손상이 생겨요. 이런 푸미라를 조금 더 멋스럽고 건강하게 키우는 방법 중 하나가 화분에 식재해 지줏대를 만드는 방법이에요.

지줏대를 만들 때는 와이어로 둥글게 혹은 하트, 사다리 형태 등 원하는 모양을 선택할 수 있어요. 하트 모양 와이어 지줏대는 처음에는 예쁘지만 지날수록 모양이 사라지는 단점이 있고 사다리 형태도 관리 면에서 어려움이 있어요. 둥근 형태의 지줏대는 단순한 듯하지만 더 오래 건강하게 키울 수 있는 장점이 있어요.

리스용으로 분갈이를 할 때는 비교적 단순한 기본 형태로 넉넉한 크기의 화분을 선택합니다. 또, 물을 줄 때를 생각해 푸미라를 아래로 깊게 심습니다. 너무 위로 심으면 물을 부어줄 틈이 없어 건조로 손상이 올 수 있습니다. 맨 윗부분은 물을 부어줄 공간이 2㎝ 가까이 생기도록 합니다.

분갈이를 한 후에는 물을 흠뻑 줍니다. 그리고 흙 가장자리를 손으로 꾹꾹 누릅니다. 이 과정 없이 와이어를 고정하면 시간 지나며 와이어가 내려앉고 고정된 푸미라도 모양이 흐트러질 수 있습니다.

와이어는 굵어야 좋아요. 지나치게 가늘면 쉽게 휘고 푸미라 고정 시 변형이 와서 지줏대 역할을 오래하지 못할 수 있으므로 4~5㎜ 정도의 굵기를 선택합니다.

🍂 와이어 지줏대 만들기

1) 와이어 고정하기
화분은 평소 키울 때보다 좀 더 큰 사이즈가 좋아요. 분갈이 후, 와이어를 둥글게 휘어 한쪽 씩 화분 깊이 꽂아줍니다. 와이어를 넉넉하게 잘라야 깊이 꽂을 수 있고 흔들림 없이 지줏대 역할을 할 수 있어요. 좌, 우로 꽂은 후 단단히 고정이 되도록 합니다.
그리고, 흙을 적당히 누르며 와이어를 양쪽으로 고정하면 됩니다.

2) 지줏대를 꽂은 후
와이어를 꽂은 주변의 흙을 꾹꾹 최대한 많이 눌러 와이어가 단단히 고정되도록 합니다.

3) 푸미라 줄기, 와이어에 자리잡기
지줏대를 꽂은 후에 긴 줄기부터 와이어에 걸듯, 살짝 기대듯이 한 줄기씩 자리를 잡아 줍니다. 가장 긴 줄기부터 합니다. 만약 긴 잎이 적다면 조금 더 키워 천천히 하면 됩니다. 특별히 줄기를 억지로 걸지 않아도 가장 긴 줄기부터 하나씩 양쪽으로 나누며 자리를 잡아주면 됩니다.

🌱 관리 팁

- ☀️ **빛** : 강한 햇빛을 피해서 키웁니다. 유리창을 한 번 통과한 정도의 빛이 좋아요.
- 💧 **물** : 물이 부족하면 잎이 아래로 처지고 손상이 심하게 옵니다. 겉흙이 마르면 물을 아주 흠뻑 줍니다. 과습 걱정이 크게 없는 식물이므로 물을 잘 주면 풍성하게 키울 수 있습니다.
- 🌿 **줄기관리** : 성장이 좋은 편이라서 많이 늘어지게 자라는 줄기는 가위로 잘라줍니다. 줄기 정리 과정없이 물만 주고 키우면 너무 자라서 한 화분에서 오래 관리하기가 어려울 수 있어요. 리스로 키운다면 어느 순간 화분의 흙과 수분 등 영양이 모자라 손상이 올 수 있으므로 줄기의 관리는 꼭 필요합니다. 잘라낸 줄기는 아래쪽 잎을 조금 딴 후 물에 꽂아주면 뿌리가 납니다. 그때 화분에 식재하면 번식도 할 수 있어요.
- 🌿 **문제 대처하기** : 푸미라의 잎이 아래로 처지며 고유의 색을 잃고 손상이 왔다면 물이 부족한 경우가 많아요. 손상된 줄기나 잎은 가위로 바짝 자르고 물을 흠뻑 줍니다. 반면 잎은 건강하지만 잎 가장자리의 흰무늬가 사라지고 초록만 있다면 햇빛의 양이 부족하다는 뜻이에요. 고유의 무늬를 보고 싶다면 햇빛이 좋은 곳에 놓으면 됩니다.

분갈이와 지줏대 꽂기

2. 아이비 화분리스
Hedera helix

아이비는 유럽, 스칸디나비아가 원산지로 두릅나무과에 속하는 덩굴식물이에요. 속명의 Hedera는 유럽산 송악의 라틴명에서 유래되었어요. 길이가 30m까지도 자라는데 상록성 덩굴식물로 가지에서 기근(氣根)이 나와 다른 물체에 붙어 자라는 착생력이 좋아 벽돌집 등에 덩굴로도 볼 수 있습니다. 원종의 잎 모양이 삼각형과 비슷하고 3~5개로 얕게 갈라지는 특성이 있어요. 요즘은 무늬가 있는 칼라아이비, 반딧불아이비, 프릴아이비 등 개량종도 많이 볼 수가 있습니다.

아이비가 중독을 치료한다고 믿었던 그리스인들은 잎을 신경통, 류머티즘, 좌골통, 심한 기침을 완화시키는 습포에 사용했다고도 합니다. 특히 잎에는 몇몇의 아메바, 균류, 연체동물을 죽이는 효과가 있다는 연구 결과도 있지만 관상용 외에 직접적인 사용은 하지않고 특히 반려동물이 잎을 뜯어먹지 않도록 주의해야 합니다.

관리 팁

- ☀️ **빛** : 밝은 창가에서 키우면 진딧물도 예방할 수 있고 무늬의 개성도 살릴 수 있어요.
- 💧 **물** : 겉흙이 바싹 마르면 흠뻑 줍니다. 매일 소량을 주는 것보다 겉흙의 상태를 확인하고 흙이 바싹 마르면 화분 바닥으로 물이 흘러나올 때까지 줍니다.
- 🌿 **줄기관리** : 둥근 형태의 고유함을 유지하려면 3~4개월에 한번, 혹은 둥근 형태를 벗어나 많이 자란 줄기는 자릅니다. 잘라낸 줄기는 물에 꽂아서 수경으로 보면 새로운 아이비를 즐길 수도 있고 이후 뿌리가 나오면 흙에 심어 번식할 수도 있어요.

늘어지게 자라는 모습

와이어 지줏대를 한 모습

늘어지는 줄기 정리하기

지나치게 늘어지는 줄기는 가위로 잘라주면 화분 위쪽으로 자라올라 소복하게 볼 수 있어요. 자른 줄기는 유리병 등에 꽂아 수경재배로 키우거나, 뿌리가 날 때 화분에 따로 심으면 됩니다.

아이비 활용하기

종류가 다양한 아이비는 초록잎으로 늘어지는 형태가 멋스러운 것부터 잎이 꼬불꼬불한 프릴아이비, 무늬가 멋스러운 종류로 반딧불아이비 등 취향대로 선택해서 키울 수 있어요. 특히 화원 등에서 어렵지 않게 구입할 수 있어서 집이나 상업공간 등에서 그린인테리어로도 좋은 식물이에요.

아이비의 특징 중 하나는 늘어지는 모습이 멋스럽다는 것인데요. 이 특성을 이용해서 집 창가나 카페 같은 상업공간, 사무공간 등에서 특별한 그린인테리어로 활용할 수 있어서 좋은 점이 많아요. 대부분의 식물이 그렇지만 처음 구입할 때는 건강한 형태를 유지해요. 하지만 시간이 지날수록 식물의 상태나 모양 관리에 어려움이 있어 아이비리스 역시 그런 상황을 예방하기 위해서 특성과 적절한 관리법을 알고 키우면 됩니다.

꼬불꼬불 개성있는 잎, 프릴아이비

아이비와 자작나무 화분커버

페트병의 외부 포장을 제거하고 자작나무 껍질을 길이에 맞게 잘라서 와이어나 마끈으로 고정하면 쓰임이 좋은 화분커버가 됩니다.
- **재료** : 자작나무껍질, 와이어 1mm 굵기, 마끈, 가위, 자 등
- **방법** : 페트병을 화분 높이에 맞게 자르기 / 자작나무 껍질 자르기 / 페트병에 자작나무 껍질 두른 후 와이어로 고정하기

chapter 05

투박함 속의 멋,
괴근식물

괴근식물은 계절성을 띄는 구근식물과는 차이가 있어요.
구근식물은 알뿌리로 추운 계절을 나고 주로 봄, 초여름 등
특정 계절에 꽃을 피우고 난 후 휴면기를 보내며
구근을 보호하고 구근을 늘리기도 합니다.
반면 괴근식물은 계절성 성장이 아닌, 열악한 환경에서 살아가기 위해
뿌리 위로 덩어리같은 별도의 괴근을 만들고
그 곳에 영양을 저장하며 더 튼튼하게 하며 팽창하는 특징이 있습니다.

연 잎을 닮은 듯한 초록잎이 개성있는 스테파니아 에렉타예요. 스테파니아 에렉타는 비대한 괴근에 자라난 귀여운 잎으로 관심받는 식물이에요.
괴근식물이 개성있고 새롭지만 주로 더운지역 식물이다보니 사계절 다른 외부 환경에서 건강하게 지낼 수 있도록 관리하는 게 중요해요. 처음 키운다면 괴근식물만의 특성을 잘 이해하고 꼭 필요한 관리방법을 참고해야 오래 함께 할 수 있어요.
에렉타의 바깥 괴근에 튼튼하게 힘을 길러줘서 목질화가 되도록 하면 좋아요. 그러면 과습이나 추위에도 더 잘 적응합니다. 햇빛과 적절한 물관리로 표면을 더 단단하고 건강하게 만들어주세요.

1. 스테파니아 에렉타

> **스테파니아 에렉타 식재 하기**
> - **화분** : 너무 크지 않은 것을 선택합니다. 물을 많이 필요로 하는 식물이 아니므로 화분이 크면 여름철이나 물을 많이 준 경우 과습에 손상을 입을 수 있습니다.
> - **괴근 상, 하 구분** : 괴근만 구입한 경우 상, 하 구분이 어려울 수 있어요. 줄기가 있던 부분이 절단되고 마른 게 보이는 쪽이 윗부분입니다.

줄기와 잎이 자라는 여름

새싹이 나는 봄

건강한 잎

관리 팁

- ☀️ **빛** : 밝고 좋은 햇빛이 많이 필요합니다. 기온이 25도 이상 더운 계절에 강한 해는 피하고 유리창을 한번 통과한 빛이 드는 곳에 두고 키웁니다. 햇빛이 부족하지 않아야 괴근 표면이 건강하며 잎과 줄기도 예쁘게 볼 수 있습니다.
- 💧 **물** : 계절따라 약간의 차이가 있습니다. 4~10월까지는 겉흙이 바싹 마르면 괴근 가장자리로 물을 줍니다. 기온이 떨어지며 휴면기에 접어들면 물을 줄여서 줍니다.
- 🪴 **화분** : 화분은 너무 크지 않은 걸 선택합니다. 또 괴근이 흙에 너무 파묻히지 않도록 지나치게 깊게 심지 않습니다. 흙에 묻히는 부분이 1/3을 넘지 않도록 합니다.
- 🌿 **잎과 줄기 관리** : 더운 계절 강한 해에 오래 노출되면 잎이 햇빛에 타거나 손상이 옵니다. 잎이나 줄기에 손상이 오면 줄기를 바싹 자르고 물관리를 하며 새잎이 나도록 합니다.
- ✋ **줄기가 지나치게 가늘고 길며 힘이 없다면** : 햇빛 양이 부족한 것일 수 있어요. 장소, 햇빛 등을 체크 한 후 직광은 조심하고 해가 좋은 곳에 둡니다.

2. 스테파니아 세파란타

어두운 갈색빛깔의 괴근 위에서 올라온 잎이 동글동글 예쁜 스테파니아 세파란타는 괴근 중에서도 투박함이 돋보여요. 거기에다 불규칙한 파임까지 많아서 잎이 없는 괴근만 본다면 돌덩어리나 나무같기도 해요. 하지만 괴근 위로 올라오는 잎을 보면 그것은 더 이상 투박한 덩어리가 아닌 예쁜 잎을 만드는 잎공작소 같다는 생각이 들어요. 동글동글한 초록잎과 잎맥을 보면 떠오르는 식물이 있죠. 바로 에렉타에요. 앞에서 설명한 에렉타는 괴근이 비교적 매끄럽고 잎이 줄기 끝에 여러 개가 모여 있는 경우가 많아요. 반면 세파란타는 괴근에서부터 차이가 나고 에렉타와 달리 줄기와 잎의 덩굴성이 강해요.

관리 팁

- ☀️ **빛** : 밝고 은은한 햇빛이 필요합니다. 기온이 25도 이상 더워지는 계절엔 강한 해는 피해, 유리창을 한 번 통과한 빛이 드는 곳에 두고 키웁니다. 햇빛이 부족하지 않아야 괴근 표면이 건강하며 잎과 줄기도 예쁘게 볼 수 있습니다.

- 💧 **물** : 계절따라 약간의 차이가 있습니다. 4~10월까지는 겉흙이 바짝 마르면 괴근 가장자리 쪽으로 물을 줍니다. 기온이 떨어지며 휴면기에 접어들면 물을 줄여서 줍니다.

- 🪴 **화분** : 화분에 심을 때는 괴근이 흙에 파묻히지 않도록 깊게 심지 않습니다. 흙에 묻히는 괴근이 1/3을 넘지 않도록 합니다. 괴근은 흙 속에서 영양 활동을 하는 게 아니라 영양과 수분을 저장하는 역할을 하고 있습니다.

- 🌱 **잎과 줄기 관리** : 강한 해에 직접 오래 노출되면 잎이 햇빛에 타거나 손상이 옵니다. 세파란타는 덩굴성이 강해서 성장이 좋을수록 줄기가 길게 늘어집니다. 의자 등을 이용해 화분을 조금 높은 곳에 두면 아래로 늘어지는 줄기와 잎의 모습을 자연스럽게 볼 수 있어요. 줄기를 조금 깔끔하게 보고 싶다면 와이어를 둥근 형태로 만들어 꽂아 지줏대에 감아도 좋아요.

- ❓ **문제 대처** : 분갈이 후 잎 색상이 누렇게 변하면 그 잎은 바짝 잘라주세요. 일시적인 분갈이 몸살로 시간이 지나면 새로운 잎이 생깁니다.

건강한 잎과 함께 늘어지는 줄기

괴근식물 표면, 건강하게 키우기

투박한 느낌의 괴근에 크랙(crack)이라고 하는 파임 현상은 건강하게 자랄때 자연스럽게 생깁니다. 지나치게 물을 많이 주거나 해가 너무 적은 곳은 괴근을 건강하게 만들기 어려워요.

3. 필란투스 미라빌리스

관리 팁

- ☀️ **빛** : 강한 햇빛보다 밝은 빛, 유리창 쪽에 둡니다. 해가 너무 적으면 잎이 커지며 웃자라고, 강한 해에는 손상을 입을 수 있습니다.
- 💧 **물** : 계절따라, 잎의 양따라 차이가 있어요. 봄, 여름은 흙이 바싹 마르면 가장자리로 조금 줍니다. 줄기와 잎이 건강하다면 9~10월은 겉흙이 마르면 흠뻑 줍니다. 겨울은 물주기를 줄이거나 멈춥니다.
- 🪴 **화분과 흙** : 너무 큰 화분을 선택하지 않습니다. 괴근의 크기를 고려해 적당해야 과습도 예방하고 괴근 모양의 개성도 살릴 수 있습니다. 일반 분갈이용 흙에 가는 굵기의 마사를 조금 섞으면 물빠짐이 좋습니다.
- 🌱 **올바른 식재** : 괴근의 위 아래가 바뀌지 않도록 잘 살펴본 후 잔뿌리가 날 쪽을 찾아 흙에 묻습니다. 괴근은 1/3 만 흙에 묻히게 합니다. 반 이상, 혹은 지나치게 괴근이 많이 묻히게 식재하면 고유의 모습도 보기 어렵고 괴근이 무를 수도 있습니다. 식재한 후 잎은 환경따라, 계절따라 늦게 나올 수가 있어요. 특히 기온이 낮아지는 시기에 식재하면 잎이 나는데 오래 걸려요. 괴근이 썩는 것만 아니면 문제가 없으므로 화분에서 뽑거나 뿌리를 확인하려고 하지는 마세요.
- 🌱 **계절별 요령** : 겨울에는 베란다 밝은 곳에서, 봄부터는 최대한 해가 좋은 창쪽에서 관리합니다. 햇빛이 좋으면 줄기와 잎이 건강하게 납니다.
- ❓ **문제 대처** : 화분에 식재된 미라빌리스 괴근이 이전과 달리 많이 쪼글거리면 물이 부족한 것일 수 있습니다. 한 번에 너무 많은 양을 주지 말고 가장자리로 조금만 주고 지켜봅니다. 이와 반대로 괴근이 움푹 파이거나 무르는 느낌이 든다면 화분에서 꺼내 상태를 보고 바싹 말려주세요. 잎이 난 화분을 구입했는데 괴근이 너무 깊게 묻혀 있다면 분갈이를 할 때 괴근을 조금 돌출시켜 심어주세요.
- 🌱 **구입시** : 괴근으로 구입한다면 파임이 많거나 무른 흔적이 없는 매끈한 것을 선택합니다. 잎이 난 것을 산다면 잎보다 괴근형태를 먼저 보세요. 잎은 다시 나지만 괴근의 성장은 더딥니다.

필란투스 미라빌리스의 괴근은 불규칙한 모양으로 생겼어요. 형태만 보면 얼핏 알뿌리 식물인가 싶기도 해요. 긴 형태의 괴근은 마치 고구마를 떠오르게 하는 것도 있어요. 그래서 가드너들 사이에서 '고구마'라고 불리는 별명이 어색하지 않죠.

괴근의 모양만 보면 어색하고 큰 매력을 못 느끼는 경우도 있지만 화분에서 적당히 돌출된 괴근 위로 잎이 나면 자연스럽게 시선이 갑니다. 괴근의 형태에 맞는 화분에 식재를 하면 새의 날개 같은 잎이 빛의 양에 따라 오므렸다 펴지는 모습을 볼 수가 있어요.

괴근의 식재와 성장

식재 전

식재 후 잎의 성장

Chapter 05. 투박함 속의 멋, 괴근식물 • 161

4. 파키포디움 호롬벤세
Pachypodium rosulatum

비교적 낮은 키에 가지가 비대하고 굵은 가시로 덮인 파키포디움 호롬벤세는 줄기에서 나는 초록잎이 매력입니다. 파키포디움 종류가 주로 나무모양으로 비대한 형태를 하고 있는데 호롬벤세는 가시와 잎이 균형있게 자랄 때 더 돋보입니다.
닮은 식물로 '사막의 장미'가 있는데 표면의 가시에서 차이가 있어요. 또 호롬벤세는 자랄수록 아랫쪽이 비대하게 팽창해요.

관리 팁

- ☀️ **빛** : 강한 햇빛을 피해서 밝은 창가에서 키웁니다. 빛이 적으면 잎이 아래로 처지고 떨어집니다.

- 💧 **물** : 과습을 조심해야 합니다. 겉흙이 아주 바싹 말랐을 때 가장자리로 조금 줍니다. 비가 오는 날이나 장마철을 피해서 물을 줍니다.

- ❓ **문제대처** : 분갈이 후나 계절이 바뀔 때 잎이 누렇게 변하면서 떨어질 수 있어요. 이때 물을 많이 주면 뿌리와 괴근이 썩을 수 있어요. 물을 준 시기가 오래 되었다면 날씨가 좋을 때 가장자리에 줍니다. 그리고 강한 햇빛을 피해 밝은 곳에 두세요. 시간이 걸리지만 새로운 잎이 나서 자리를 잡아요.

chapter 06

침엽수의 매력

침엽수(針葉樹)는 사계절 매력 있게 볼 수 있는 식물로
잎이 바늘처럼 가늘고 길며 끝이 뾰족해요.
소나무, 잣나무, 향나무 등을 포함해
다양한 수종이 있어요.
요즘은 원예용으로 다양한 품종이 개발되어
집 야외정원이나 베란다 등에서도
사계절 내내 침엽수의 멋스러움과 함께 할 수 있어요.

1. 썰프레아
Cupressus arizonica Sulphrea

썰프레아는 블루아이스와 닮은듯 다른 개성을 지닌 침엽수예요. 잎 모양만 보면 얼핏 같은 식물이 아닌가 싶지만 다른 종류입니다. 블루아이스가 햇빛을 많이 받고 건강하게 자랄수록 푸른빛을 보인다면, 썰프레아는 해를 많이 받으면 약간 노랑에 가까운 빛을 보입니다.

성장 속도가 좋아 연간 15~30㎝이상 자라는 걸로 알려져 있어요. 화분에서도 땅에서 키운 나무처럼 본래의 모습을 감상할 수 있지만 성장 속도의 차이는 있을 수 있어요.

썰프레아는 척박한 토양에서도 건강하게 자랄 수 있기 때문에 조경수로도 관심받고 있어요. 조경수로 심는다면 장소와 공간의 규모 등을 고려해 적당한 크기를 선택합니다. 화분에서 키워도 잎의 매력을 느끼기 좋은데요. 해가 좋고 그에 맞게 수분 공급도 잘되면 노란 잎이 더 진해져 특유의 멋진 모습을 볼 수 있습니다.

썰프레아는 수입 및 삽목 등으로 유통된지 그리 오래되지 않은 까닭에 아직도 인근 화원에서 보기는 흔치 않고, 가격 부담도 있어요. 또 삽목이나 접목을 통한 활착이 어려워 번식이 쉽지 않은 수종입니다. 그렇지만 특성과 관리법을 잘 알고 키운다면 사계절 싱그러운 모습을 함께 할 수 있어요.

관리 팁

- ☀️ **빛** : 햇빛이 좋은 곳에서 키웁니다. 햇빛이 적으면 고유의 잎 색상을 느끼기 어려워요. 또 새 잎이 나는 시기의 햇빛은 성장에 중요한 역할을 합니다.

- 💧 **물** : 겉흙이 마르면 흠뻑 줍니다. 썰프레아는 건조에 강한 편이지만 화분에서 계속 건조하게 관리해도 잘 자란다는 뜻은 아닙니다. 계절과 장소, 화분크기 등을 고려해 물을 충분히 공급해야 합니다. 썰프레아 같은 침엽들은 잎 표면이 매끈하고 넓은 일반 관엽과 달리 가늘고 불규칙한 잎조직으로 병충해에도 강해요. 그래서 관엽처럼 물샤워는 안해도 됩니다. 물샤워를 한다면 너무 센 물줄기는 잔잎을 꺾이게 하거나 손상을 줄 수 있으므로 약한 물줄기로 합니다.

- 🪴 **화분** : 배수가 잘 되는 흙을 사용해 분갈이합니다. 흙은 상토에 마사나 펄라이트를 섞어 사용하면 됩니다. 화분은 장식이 적고 단순한 형태가 좋아요.

- ✌️ **야외 관리** : 야외 정원에 심는다면 배수가 잘되는 위치와 흙을 선택하면 됩니다. 작은 썰프레아라면 야외 정원이라도 큰 화분에 심으면 좀 더 눈에 잘 띄어 돋보이는 모습을 볼 수 있어요.

맨 아랫쪽 줄기 잘라주기

진한 녹색의 촘촘한 잎이 매력인 팔방삼나무예요. 얼핏 보면 잎이 날카로워 보이지만 실제로는 그리 날카롭지 않고 부드러워요. 잔잎이 빼곡한 모습은 사계절 볼 수 있지만 겨울에는 색다른 느낌으로 즐길 수 있어요. 너무 추운 곳이 아니라면 변함없는 진초록의 잎은 사계절 싱그러움을 안겨줍니다. 겨울에는 화분에 별모양이나 눈사람 모양 등의 가든픽을 꽂아주면 미니 트리 분위기도 낼 수 있어요.

2. 팔방삼나무
Cryptomeria japonica

관리 팁

- ☀ **빛**: 베란다처럼 햇빛이 잘 드는 곳에서 키웁니다. 햇빛이 적으면 특유의 건강한 초록잎을 유지하기 어려울 수 있고 속부분이 마르거나 누렇게 변하는 부분이 생겨요.
- 💧 **물**: 겉흙이 마르면 흠뻑 줍니다. 특히 온도가 높은 계절에는 화분 밖으로 물이 흘러나오도록 많이 줍니다.
- 🌿 **잎관리**: 시간이 지날수록 잎이 더 촘촘하게 모이듯 붙어서 자랍니다. 기온이 높은 여름철에는 바람이 덜 통하는 속부분이 검게 마르며 손상이 올 수 있어요. 문제없이 성장해도 가끔씩 속잎을 체크하고 손상된 줄기나 너무 빼곡한 가지는 잘라줍니다.

3. 가문비나무
Picea jezoensis

소나무과에 속하는 가문비나무는 사계절 초록빛 아름다움을 유지하면서 겨울이 되면 그 자체로 멋진 트리가 됩니다. 우리나라에서는 주로 덕유산과 강원도 고산지에 많이 자생하는데 요즘은 아파트 정원수로도 다양하게 볼 수 있죠. 조경을 위한 커다란 가문비나무 외에도 원예용으로 글라우카가문비, 은청가문비, 독일가문비 등 다양한 수종이 있어요. 잎의 향기가 좋은 코니카가문비는 글라우카가문비의 원예품종인데 화분에 심어서 키운다면 겨울철 작은 소품 몇 개만으로도 겨울 분위기를 낼 수 있어요.

관리 팁

- **빛**: 햇빛이 좋은 곳에서 키웁니다. 햇빛이 부족하면 봄철 성장기에 새잎이 적게 나며 가지의 웃자람이 생깁니다.
- **물**: 겉흙이 마르면 흠뻑 줍니다. 건조에도 강하지만 물이 부족하면 잔잎이 말라서 떨어지고 전체적으로 수분이 빠집니다. 풍성하고 건강한 모습을 보기 위해서는 물이 부족하지 않게 키웁니다.
- **화분**: 나무의 크기와 성장을 고려해서 조금 넉넉한 화분에 심습니다. 화분이 너무 딱맞다면 물주기를 부지런히 하고 일주일에 한 번 정도는 수돗가 등으로 옮겨서 시간차를 두고 여러번 줍니다.

장식을 할 때 전구를 과도하게 감으면 가는 바늘모양의 잎이 손상을 입을 수 있어요. 작은 소품을 슬쩍 걸치거나 가든 픽을 이용해 가지 손상이 적도록 합니다.

가지에 장식소품을 걸친 모습

새잎이 나는 봄

Chapter 06. 침엽수의 매력 • 169

이름부터 개성있는 옐로우봉은 얼핏보면 엑설런트 포인트를 닮은 느낌이 들어요. 하지만 잎은 그리 날카롭거나 아프지 않아요. 측백나무 하위인 편백나무의 개량종으로 표기되어 유통되고 있어요. 계절에 따라, 온도에 따라서 진초록, 연두, 노랑 등으로 달라지는 잎 색상은 개성 그 자체입니다.

4. 옐로우봉

옐로우봉은 추위에 아주 강해요. 겨울에는 따뜻한 곳보다 추운 곳, 최대한 영하의 온도에서 휴면을 해야 봄부터 특유의 예쁜 색을 볼 수 있어요. 계절과 온도따라 다른 색감을 보이는 옐로우봉은 겨울을 춥게 날수록 건강하고 선명한 빛깔의 새 잎을 보여줍니다.

새잎이 나는 봄의 모습

옐로우봉은 라이선스(Licence)가 있는 식물입니다. 즉 품종개발자가 판매, 유통 등에 허가권을 갖고 있어요. 시중의 식물들이 라이선스가 만료되었거나 없는 종류가 많지만 별도의 라이선스가 있는 종류도 있습니다. 그런 식물은 유통업자가 마음대로 번식, 판매를 하는데 제한이 있습니다. 물론 개인이 정상적으로 구입해 집에서 삽목 등으로 키우는 데는 큰 문제가 없습니다.

야외에서 겨울을 나는 모습
추운 겨울을 나면 잎 색상은 어두워져요

관리 팁

- ☀ **빛** : 강한 햇빛을 좋아합니다. 빛이 적은 곳보다 해가 강한 곳, 최대한 밝은 곳에서 키워야 고유의 잎 색상을 볼 수 있습니다.
- 💧 **물** : 물을 좋아합니다. 한겨울을 제외하면 물을 매일 줍니다.
- 🪴 **화분과 흙** : 일반 분갈이 흙에 마사를 아주 조금만 섞습니다. 플라스틱 화분으로 구입했다면, 큰 화분에 분갈이를 합니다.
- ✂ **손질** : 잔잎이 꽃송이처럼 모이듯 자랍니다. 맨 아래쪽 부분은 조금 잘라 속통풍을 좋게 하고, 옆과 위는 돌출 잎만 신중히 자릅니다. 속잎이 빼곡하면 그부분이 말라서 손상될 수 있어요. 속잎을 체크하며 잎을 적당히 잘라내 통풍구를 만들어줍니다.

🌱 옐로우봉 삽목하기

많이 자란 옐로우봉을 조금 다듬으면 나오는 가지를 삽목용으로 이용하면 좋아요. 물꽂이로 잔뿌리를 내린 후 화분에 심으면 됩니다. 계절에 따라 차이는 있지만 보통 뿌리가 풍성하게 나는데 1~2개월 정도 걸려요. 뿌리가 난 후, 정식으로 화분에 옮기면 됩니다.

5. 주목
Taxus cuspidata

나선형으로 갈라지는 진한 초록의 잎이 매력인 주목은 주로 고산지대에서 자라는 식물이에요. 키가 17m도 넘게 자라는 키큰나무인 주목은 관상용 품종도 유통되지만 원래의 수종은 가구용으로 많이 사용되었어요. 주요 분포지역은 우리나라를 비롯한 일본, 중국, 시베리아인데 원줄기가 곧게 서지 않고 밑에서 여러 개로 갈라지는 눈주목은 주로 일본산이 많아요. 반면 설악산 대청봉 근처에서 눈잣나무와 같이 자라는 설악눈주목은 원줄기가 비스듬히 자라면서 땅에 닿은 가지에서 뿌리가 내리며 자라는 특성이 있어요. 잘 자라 줄기 사이에 빨갛게 달리는 열매를 보면 주목 특유의 매력을 제대로 느낄 수 있어요.

주목화분의 이끼

관리 팁

- ☀ **빛**: 강한 햇빛을 좋아합니다. 햇빛이 좋으면 잎 색상이 건강하고 새잎도 풍성하게 납니다.
- 💧 **물**: 겉흙이 마르면 흠뻑 줍니다. 물이 부족하면 잎이 말라서 떨어지면 손상이 옵니다.
- 🪴 **화분**: 성장이 좋은 편이기 때문에 너무 딱 맞는 화분보다 넉넉한 크기에 심어서 관리합니다.

chapter 07

율마와
함께 하는 사계절

계절따라, 특정 시기에 따라 유행을 타는 식물도 있지만
율마는 꾸준히 사랑받는 식물이에요.
측백나무과인 율마의 정식 명칭은
골드크레스트윌마(Cupressus macrocarpa 'Goldcrest')예요.
건강한 율마의 잎을 손으로 슬쩍 스치면
레몬처럼 상큼한 향기가 기분 좋게 해요.
사계절 변함없이 기분 좋은 초록을 함께 할 수 있는 율마의 매력,
제대로 된 관리법과 손질로
오래 함께 하세요.

1. 율마 자세히 알기

우리가 좋아하는 일을 잘하거나 혹은 좋아하는 사람과 친하게 오래 지내고 싶을 때는 궁금한 게 많아지죠. 마찬가지로 율마도 오래 건강하게 함께 하려면 특징에 대해 빠짐없이 잘 알면 좋아요.

율마와 물 : 물을 정말 좋아합니다

식물에게는 필요한 적절한 물과 햇빛의 양이 있어요. 율마도 무조건 물만 많이 주면 잘 자라는 것은 아니예요. 하지만 율마는 줄기와 잎이 물을 많이 흡수해도 수분을 잘 견딜 수 있어요. 일부 온라인이나 꽃집 등에서는 물을 많이 주면 '과습으로 갈변이 된다'고 하지만 잘못된 정보예요. 야외 정원에서 사계절을 키우며 한 달 가까이 장맛비에 노출이 되어도 문제가 없는 것만 봐도 쉽게 알 수 있어요. 키우는 율마와 화분 크기, 장소, 계절을 고려해 물이 부족하지 않게 줘야 해요. 혹시 물의 양이 너무 많을까, 하는 걱정을 접고 키워보세요.

율마와 햇빛

율마는 햇빛을 정말 좋아해요. 햇빛이 좋아야 특유의 밝은 색감을 유지할 수 있으며, 잎도 부들거리지 않고 건강해요. 햇빛을 많이 받은 율마일수록 어두운 초록은 적고 잎이 예쁘면서 피톤치드도 많이 나와요. 율마는 다른 어떤것보다 햇빛이 최고의 영양제예요. 다만 해가 좋은 곳은 더운 계절에 화분의 흙이 너무 빨리 마를 수 있어서 그 부분을 고려한 분갈이나 아침저녁 충분한 물주기를 해야 건강하게 키울 수 있어요. 한여름 높은 기온의 강한 햇빛도 율마에게는 나쁘지 않아요. 하지만 화분에 심은 율마라면 흙이 해에 빨리 마른다는 점을 고려해서 화분을 큰것으로 선택하거나 약간 그늘이 생기는 곳에 놓는 것도 좋아요. 땅에 심은 율마라면 한낮 햇빛이 너무 많을까 걱정은 하지 않아도 됩니다.

율마에게 맞는 화분 크기와 흙은 어떤게 좋을까요?

율마를 구입하면 기존에 있던 플라스틱 화분의 3배 가까이 넉넉한 크기의 화분을 선택해서 분갈이를 합니다. 또 흙은 물빠짐이 너무 좋은 마사를 최소한으로 사용하거나 섞지 않고 분갈이를 합니다. 마사가 율마 성장에 문제가 되는 것은 아니지만 시간이 지날수록 물이 너무 빨리 말라서 물부족이 올 수 있어요. 율마가 성장하기 시작하면 1년에 최소 1회 이상은 화분을 큰 것으로 바꾸거나 보습력이 좋은 흙을 추가해 줍니다.

율마는 언제, 어떤 방법으로 손질하는 게 좋을까요?

율마는 적절한 시기에 가지와 잔잎을 손질해야 합니다. 처음 구입해서 식재할 때와 성장해서 큰 화분으로 분갈이를 할 때 손질이 필요합니다. '율마는 가위로 손질하면 갈변이 온다'라고 알고 있는 경우가 있는데 잘못된 정보입니다. 가위로 줄기를 자르면 끝이 살짝 갈색으로 변하지만 이것은 율마 줄기와 여린 잎이 절단되면서 그곳에 흐르던 수액이 마르면서 생긴 현상이에요. 곧 그 주변으로 새순이 나면서 풍성하게 덮여요. 율마를 가위로 자르고 난 후 줄기 전체로 온 갈변현상은 가위와는 상관이 없어요. 다만 그 시기에 물을 적게 흡수해서 물부족이 온 것일 수 있어요. 율마 큰 가지는 꼭 가위를 이용하고, 연한 줄기의 끝순은 손끝과 손톱을 이용해서 따줍니다. 경험이 적다면 지나치게 많은 줄기나 잎을 따는 것은 조심합니다.

손상된 율마 회복은 어떻게 하나요?

무슨 원인으로 손상이 왔는지를 먼저 알아야 합니다. 단순히 수분 공급을 오랫동안 못해서 물이 부족한 것인지, 화분이 작아서 서서히 온 손상인지 원인을 알아야 회복할 방법을 찾을 수 있습니다.

▶ **물이 부족한 경우** : 단순히 긴 시간 물을 못줘서 줄기와 잎의 손상이 온 것이라면 흙에 충분히 물을 줍니다. 3~4시간 간격을 두고 지속적으로 물주기를 합니다. 그리고 손상된 부분을 찾아서 가위로 잘라줍니다. 갈색으로 한 번 손상이 오면 회복이 어려우므로 완전히 잘라주고 물을 충분히 준 후 해가 좋은 곳에 둡니다.

▶ **화분이 작은 경우** : 율마는 분갈이를 한 후 햇빛과 물의 양만 충분하면 잘 자랍니다. 더불어 자라는 화분이 작아서 같은 양의 물을 줘도 흙의 보습력은 떨어지고 뿌리는 점점 늘어나 화분 속 부피를 차지합니다. 시간이 지나 화분이 작은 경우라면 기존 화분의 2배 가까운 크기에 분갈이를 하고, 손상된 줄기를 모두 잘라줍니다.

▶ **속잎의 통풍이 부족한 경우** : 잎이 빼곡하고 풍성한 율마는 보기에도 참 좋아요. 하지만 더운 계절이나 점점 성장을 해서 잔잎의 부피가 커질수록 율마의 속잎은 햇빛과 부족한 통풍으로 인해 갈색으로 마르며 손상이 옵니다. 이 때는 속 부분의 손상된 가지를 잘라줍니다. 그래도 속이 너무 빼곡하다면 문제가 없는 줄기도 조금 솎아내듯이 가지치기를 해줍니다.

2. 율마 분갈이 하기

율마 분갈이 시기

많은 식물들이 분갈이를 하기에 좋은 때가 있어요. 꽃식물이나 선인장을 포함한 다육식물, 관엽식물 등 계절이나, 크기, 날씨 등을 잘 고려해 분갈이를 해주세요. 분갈이는 식물이 앞으로 살 좋은 집을 찾아주는 것이에요.
침엽수인 율마는 다른 종류에 비해 분갈이 시기에서 조금 자유로워요. 물론 아무때나 마음내킬 때 그냥해도 된다는 뜻은 아닙니다. 꼭 필요한 때라면 시기를 따지지 않고 합니다.

율마 분갈이가 꼭 필요한 때

▶ **작은 포트화분의 어린 율마** : 햇빛이 좋으면 사계절 성장을 하기 때문에 초겨울에라도 구입을 했다면 분갈이가 필요합니다. 분갈이를 않고 장기간 키우면 영양과 물부족 등으로 손상이 옵니다. 특히 빛이 좋은 곳이면 분갈이를 한 후 키웁니다.
▶ **오래 키워서 화분이 작은 경우** : 율마 특성상 해가 좋은 곳에 두고, 물을 많이 주다보니 일 년, 이 년… 시간이 흐를수록 좀 더 큰 화분으로 옮겨 성장에 맞도록 관리합니다. 크기에 비해 화분이 딱맞거나 너무 작은 경우 큰 화분으로 옮겨주세요.

분갈이 팁

기온이 많이 떨어져 흙이 얼 정도일 때는 이른 아침이나 밤을 피해서 분갈이를 합니다. 겨울철 분갈이 후는 너무 추운 야외에 내놓지 않고 유리창이 있는 베란다 해 좋은 곳에 둡니다.

분갈이가 필요한 작은 화분의 율마모종과 큰 화분으로 분갈이가 필요한 율마

 **율마 모종 분갈이 하기**   준비물 : 분갈이 흙, 기본형 화분, 깔망 등

포트에서 율마를 빼내요.(미리 물을 흠뻑 줘서 화분에서 잘 빠지게 합니다.)

뿌리도 건강하고 별 이상이 없다면, 뿌리 주변 흙 등을 완전히 걷어내지 않고 손으로 만져서 엉킨 부분은 풀어줍니다.

화분에 깔망을 넣고 흙을 조금 넣어요.

율마를 가운데 놓고 흙을 채워 넣어요.

손이나 모종삽 뒷면을 이용해 화분 가장자리를 눌러서 공기를 빼고 흙도 적당히 차게 합니다. 이 과정을 거쳐야 며칠 후 흙이 아래로 너무 푹 꺼지는 것을 방지할 수 있어요.

화분 흙에 물을 충분히 줍니다. 분갈이 후 물을 충분히 줘야 손상을 방지할 수 있어요.

3. 율마 계절별 관리하기

율마는 크기에 따라, 식재한 화분에 따라, 계절과 키우는 장소에 따라 물주기 요령을 정확히 알고 키워야 해요. 그래야 오랫동안 건강하게 함께 할 수 있어요.

실내 율마, 여름철 관리하기

여름철은 베란다 온도가 높고 통풍이 원활하지 않아서 율마에게 조금 힘든 시기예요. 공기 순환이 비교적 잘되는 가을, 겨울과 달리 덥고 높은 습도의 공기가 잎이 빼곡한 율마의 속통풍을 방해해 크고 풍성한 율마일수록 속잎이 갈색으로 변하며 손상을 입습니다. 실내에서 키우는 큰 율마라면 여름이 오기 전에 속통풍을 위해 적절하게 속가지를 솎아내고 화분의 크기는 적당한지, 흙의 보습력은 좋은지 체크를 합니다.

야외 율마, 여름철 관리하기

야외 율마는 7~9월 물주기가 정말 중요해요. 베란다 걸이대에서 키운다면 보통 때는 통을 이용해 물을 주고, 며칠에 한번은 욕실에 들여 샤워호스로 흙에 흠뻑 물을 주고 2~3시간마다 반복해요. 그렇게 하면 율마 잔잎에 충분한 수분도 보충할 수 있어서 더운 계절에 율마를 건강하게 관리하는데 도움이 됩니다. 무엇보다 베란다 걸이대는 큰 화분에 심을 수도 없고, 분갈이도 쉽지 않아 작고 건강하게 키우는게 중요해요.

야외에 키우는 율마라면 물통 등에 물을 받아 화분을 놓아두는 저면관수보다 화분배수구로 물이 흘러나오도록 흙에 흠뻑 주는 것을 추천드려요. 지속적으로 저면관수의 방법으로 물을 주는 것은 율마 화분 흙이 적당히 숨쉬는 것을 방해합니다. 조금 힘들어도 화분에 흠뻑주세요.

화분에 식재한 율마는 비가 올 때도 강수량에 따라 물주기를 해야하는 경우가 많습니다. 상업공간 야외에서 율마를 키우거나, 집 정원 야외에서 율마를 키우는 분들은 율마 크기와 화분크기, 장소에 따라 제대로 된 양의 물을 줘야 합니다. 화원 등에서 하루에 한 번 물을 줘야한다고 들을 수도 있어요. 내가 키우는 율마의 크기나 장소, 기온 등을 고려해서 좀 더 자세히 알고 올바른 물주기를 권장드려요. 특히 율마를 좋아하지만 오래 함께 할 수 없어 아쉬워했던 분들은 올바른 방법으로 관리를 하면 오랫동안 건강한 율마를 볼 수 있어요.

율마 물주는 도구

점점 자라서 커지는 율마나 많은 율마를 키운다면 물을 주는데에 오랜 시간이 필요합니다. 일반 수압이라면, 호스로 한 번에 많은 양의 물을 매일 주는 경우 효율성이 떨어질 수도 있습니다. 물의 양을 가늠할 수 있도록 생수통이나 큰 용기를 이용해 일정량 이상의 물을 주는 것을 추천드립니다.

4. 율마 손질하기 : 수형만들기

마가 햇빛과 물로 잘 자라면, 그 다음으로 적절한 시기에 가지치기를 해야 합니다. 율마의 잔가지와 잎이 아까워 잘라내는 게 망설여질 때가 많은데요. 가지치기와 손질을 해야 오래도록 건강하고 예쁘게 키울 수 있어요.

율마 가지치기, 수형만들기

율마의 크기와 원가지의 모양 등에 따라서 가지치기 방식은 달라집니다. 특히 아주 작은 율마들은 가지치기를 자주 하거나 많이 하면 안됩니다. 깨끗한 전용 가위를 이용해 굵은 줄기는 자르고 연한 끝순만 손을 이용해 따줍니다.

왼쪽은 구입한 그대로의 율마, 우측은 가위를 이용해 손질한 율마

목대가 긴 사탕 형태 율마

율마가 특정 수형만 멋지고 좋은 건 아니에요. 저마다 개성있고 좋지만 율마가 사계절 성장이 좋고 오래 자라는 나무라는 특성을 고려하면 적절한 수형을 만들어 주는 게 중요해요. 특히 아래쪽 줄기를 많이 제거하고 윗부분으로 동그랗게 모아 키우는 모양으로 흔히 '사탕율마'라고 부르는 수형은 베란다 등에서 적절한 크기를 유지면서 햇빛과 물관리를 하는데 도움이 돼요. 또 윗부분만 적당히 모아 키워서 속통풍이 비교적 원활하다는 장점이 있어요.

'사탕율마' 모양은 기본 줄기는 하나인 율마로, 맨 아랫쪽은 잔가지를 모두 제거하고 윗 부분만 남깁니다. 남은 윗부분은 시간 여유를 두고, 키우면서 순다기 등으로 조금씩 모양을 만듭니다.

블랑블루카페의 율마

5. 야외정원 율마 수형관리하기 : 가지치기

남부지역이라면 겨울에도 냉해 걱정 없이 월동을 할 수 있는 율마는 땅에 심어서 키워도 좋아요. 화분과 달리 땅이 주는 여러 가지 좋은 조건으로 성장이 빨라요. 봄, 가을 가지치기를 적절하게 해야 율마를 건강하게 키울 수 있어요.

율마 가지치기 전

거제 어서와현의 야외 율마정원

율마 가지치기 후

chapter 08

구근식물의 매력

구근식물은 알뿌리가 있는 식물을 말해요.
채소 같기도 한 울퉁불퉁한 덩어리 같은 구근에서
싹이 올라오고 꽃을 피웁니다.
많은 구근식물이 얼핏보면 양파 모양을 닮기도 했어요.
구근 자체만 보면 큰 매력이나 개성을 느끼기 어려워요.
하지만 봄이 오면,
구근일 때의 모습과 달리 혹독한 겨울을 나고
저마다 개성도 빛깔도 다른 꽃과 향기로
즐거움을 줍니다.

매력가득, 구근식물

<small>영</small> 양분을 가득 비축한 구근들이 잘 성장해 꽃을 피우기 위해서는 구근의 종류에 맞는 식재시기를 알아야 해요. 가을에 심어 봄에 예쁜 꽃을 보여주는 구근부터 봄에 심어 여름에 꽃을 보는 종류, 노지 정원에 심는 구근 등 종류에 따라 적절한 식재 기가 다르므로 방법과 시기를 알면 좋아요.

시기별 구근의 분류

심는 시기에 따라서 추식구근, 춘식구근, 하식구근으로 나눌 수가 있어요. 추식구근은 가을에 심어 월동을 한 후 봄에 꽃이 피는데 대표적인 꽃이 튤립, 무스카리, 하아신스, 프리지어 등이 있어요.

▶ **봄 심기 구근인 춘식구근** : 날씨가 포근해지는 봄에 심어 초여름과 가을에 꽃이 피고 추위와 함께 휴면을 합니다. 열대지방이 주원산지로 보통 한여름 더위와 강한 해에 약한 특징을 갖고 있어요. 달리아, 글라디올러스, 아마릴리스 등은 봄에 심으면 더 예쁜 꽃을 볼 수 있어요.

▶ **여름에 심는 하식구근** : 가을에 꽃이 피고 겨울은 잎이 나와 봄에 시들며 휴면에 들어갑니다. 상사화, 네리네나, 백합과의 콜키쿰 등이 있어요.

▶ **가을에 심어 봄에 꽃이 피는 구근** : 가을 구근은 보통 추위에 강한 편입니다. 아네모네, 아이리스, 알리움, 원종 시클라멘 등이 있어요.

구근 심기

구근은 꽃시장이나 대형 쇼핑센터에서 초가을부터 판매를 해요. 식재된 것으로 구입하는 것보다 비용도 저렴하고 직접 심어서 꽃을 보는 즐거움이 있어요. 특히 야외 정원이 있거나 많은 양을 구입한다면 알뿌리로 구입해 직접 식재하는 방법이 좋아요. 적절한 식재 시기는 구근의 종류나 장소에 따라 차이가 있어요. 베란다에서 키운다면 가을부터 또 야외에 식재한다면 이른 봄부터 심어도 꽃을 풍성하게 볼 수 있어요.

튤립은 노지재배와 화분재배가 모두 가능하지만 실내에서 키울 때는 너무 춥기전에 심어야 좋습니다. 식재 전 구근의 위 아래를 잘 구분합니다. 구분이 어렵다면 뿌리가 있던 쪽에 미세한 흔적이 있을 수 있으므로 뿌리 쪽을 먼저 찾아봅니다.

구근 심기

준비물 : 화분, 흙(일반 분갈이용), 분무기(물), 가든픽

구근이 불규칙한 형태로 위아래 구분이 어려운 게 있다면 따로 빼둡니다. 좀 더 뾰족한 부분이 윗쪽일 가능성이 높으므로 신중하게 살펴봅니다.

화분에 흙을 채우고 꽂듯 심어줍니다. 껍질이 여러 겹으로 많을 때는 벗겨주세요. 껍질이 한 겹 정도일때는 그냥 심으면 됩니다. 흙 속에서 무름을 방지할 수 있어요. 가든픽에 날짜와 이름 등 구분표식을 써놓으면 관찰하고 관리하는데 도움이 됩니다. 물은 식재 후 분무기로 조금만 줍니다.

프리지어 구근

튤립 구근

10월 프리지어 식재

10월 튤립 식재

관리할 장소에 놓기

강한 햇빛을 피해 반그늘, 밝은 빛이 있는 곳에 둡니다. 물은 놓인 장소와 건조도에 따라 차이가 있지만 표면 흙이 바싹 마르면 줍니다. 줄기나 꽃이 있는 게 아니므로 너무 많이 주지 않도록 합니다. 위로 싹이 난 후는 해가 제일 좋은데 두고 키우며 꽃봉오리를 기다리며 관리하면 됩니다.

식재를 한 10월

싹이 나기 시작하는 1월

1. 수선화
Narcissus

대륙에서 일본으로 전해진 꽃으로 알려진 수선화는 대부분이 지중해 연안이 원산지로 10,000여 종이 넘어요. 아름다운 동화를 쓰면서 넓은 정원에 다양한 식물을 가꾸던 타샤 튜더도 수선화를 좋아해 해마다 많은 구근을 심고 수선화 꽃의 매력에 빠진 가드너로 유명하죠. 실제로 이른 봄 밝은 노란빛깔의 수선화는 겨울의 지루한 회색빛에 지친 사람들의 마음을 환하게 밝히듯 기분 좋아지게 하는 힘이 있어요.

절화는 물론 원예용으로도 많이 사랑받는 종류라 오래전부터 품종 개량이 이루어져 국내에도 여러 종류의 수선화가 봄을 준비하며 가을부터 재배되고 있어요. 우리나라에는 일반적으로 "떼떼"와 꽃송이가 큰 "제타" 등이 유통돼요. 색상도 노랑 외에도 흰색과 주황 등이 있어요. 하지만 화사한 노란색이 많은 사랑을 받고 있어요.

 관리 팁

- 🌷 **꽃** : 구근에서 싹이 나고 꽃봉오리가 올라온다면 물이 너무 마르지 않게 해주세요. 물이 부족하면 꽃봉오리가 다 올라오지 못하고 시들어요.
- 🌷 **꽃이 진 후** : 시든 꽃봉오리는 바짝 자르고 물을 줄인 후 시원한 곳에 둡니다.
- ✋ **구입 시** : 알뿌리가 식재된 것으로 구입한다면 꽃이 너무 활짝 핀 것보다 꽃봉오리가 다 피지 않은 것을 선택합니다.

2. 튤립
Tulipa gesneriana

녹색이네 정원의 튤립

봄이면 여러 지역에서 축제가 있을 만큼 많은 사랑을 받는 봄꽃인 튤립은 색상도 다양하고 국내에 유통되는 품종도 많아요. 튤립의 원산지는 터키이지만 실제로 많은 사람들이 네덜란드를 먼저 떠올려요. 16세기 후반부터는 터키에서 각국으로 퍼지게 되고, 식물학자인 클루시우스에 의해서 네덜란드로 전파되어 여전히 해마다 100억 송이 가까운 튤립을 재배할 만큼 사랑받고 있어요. 꽃송이 숫자로만 보면 전 세계인에게 한 송이씩 나눠줄 수 있는 많은 양이죠.

하지만 실제 네덜란드와 튤립꽃에는 "튤립공황", "튤립버블"이라고 불리는 아픈 역사가 있어요. 꽃을 좋아하는 네덜란드인들은 수입된 초창기 부유한 사람들 사이에서 특별한 전유물로 인식되어 구근 1개의 가격이 엄청난 값을 줘야 살 수 있을 만큼 비쌌어요. 이를 본 많은 농부들은 다른 농사 대신 튤립을 재배했고, 1633년에는 상류층은 물론 일부 다른 투자자들도 앞다투어 선물거래에 몰렸어요. 이런 상황은 1636년 절정에 달해 이중삼중의 문서거래가 생기고 마침내 공황을 일으켜 가격이 폭락하게 되요. 결국 많은 사람들이 파산을 하는 상황을 맞게 되자 네덜란드 정부가 개입해 거래액의 5~10%만 지불하는 것으로 마무리가 됩니다.

역사에 얽힌 이 이야기는, 아름다운 튤립꽃을 보기 위한 목적이 아닌 자본주의가 만든 과열투기 현상이에요. 하지만 지금은 세계적으로, 또 우리나라 여러지역에서 봄이면 튤립을 많이 심어 가슴 설레는 튤립 꽃밭을 아름답게 볼 수 있어서 참 다행이죠.

튤립은 노지재배는 물론 화분재배로도 잘 키울 수 있는데 봄에 꽃을 건강하고 예쁘게 보고 싶다면 품종과 장소에 맞는 식재시기와 방법도 중요해요.
노지에 심는다면 물빠짐이 좋고 해가 잘 드는 장소가 좋으며 지역에 따른 차이는 있지만 10~12월에 심어요. 화분에 심는다면 늦가을에 심어서 구근이 보이지 않을 정도로 살짝만 흙을 덮어주면 됩니다.

관리 팁

- ☀ **빛** : 꽃봉오리가 생기기 시작하면 햇빛을 충분히 받을 수 있도록 합니다. 해가 부족하면 꽃봉오리가 작거나 올라오다가 멈출 수 있어요. 꽃이 활짝 피면 강한 햇빛보다 반그늘로 옮겨주면 꽃봉오리가 너무 많이 벌어지는 현상을 막고 꽃도 더 길게 볼 수 있어요.

- 💧 **물** : 겉흙이 마르면 흠뻑 줍니다. 밤시간보다 이른 아침 꽃이 활짝 피기전에 흠뻑 주면 좋아요.

구근식물은 공간의 여유만 있다면 한 군데 많이 심는 군락재배를 통해 꽃을 더 풍성하게 볼 수 있어요. 야외 정원도 좋고, 색감이나 디자인이 단순한 큰 토분에 많이 심으면 튤립이 있는 봄날이 더 행복합니다.

3. 무스카리
Muscari armeniacum

지중해에서 아시아 남서부 지역에 걸쳐 50여종 정도가 분포하는 무스카리는 국내에서는 이른 봄부터 주로 푸른 빛깔과 아이보리, 흰색 정도로 제한된 종류가 유통되고 있어요. 지중해 등에서는 평지부터 삼림지대, 암석지대, 자갈밭 등에서 자생하는 종류가 많아요. 영국에서는 무스카리의 잔꽃송이가 포도송이를 닮았다고 해서 '그레이프 히아신스'라고도 불러요. 수경재배는 물론 화분에 풍성하게 심어 보는 즐거움과 그 향기를 느끼며 봄을 한껏 즐길 수 있지만 한철만 볼 수 있어서 아쉬움이 있어요.

관리 팁

- 🌷 **꽃**: 구근에서 싹이 나고 꽃봉오리가 올라온다면 물이 너무 마르지 않게 해주세요. 물이 부족하면 꽃봉오리가 다 올라오지 못하고 시들어요.
- 🌷 **꽃이 진 후**: 시든 꽃봉오리는 바짝 자르고 물을 줄인 후 시원한 곳에 둡니다.
- 🌷 **구입 시**: 알뿌리가 식재된 것을 이른 봄에 구입한다면 꽃이 너무 활짝 핀 것보다 알이 꽃봉오리가 다 피지 않은 것을 선택해 구입합니다.

🌱 구근식물은 왜 양분을 저장하고 있을까요?

구근은 얼핏보면 양파를 닮았어요. 가끔은 여름부터 휴면하는 구근을 양파로 착각하는 분도 있어요. 구근은 더위와 추위, 건조함 등 힘겨운 환경에서 살아남기 위해 발달, 진화한 기관이에요. 그래서 지내기 좋은 시기에는 건강한 잎과 아름다운 꽃을 피우지만, 그 시기가 지나 혹독한 계절이 오면 꽃이 지고 잎이 시들면서 성장을 멈추고 휴면기에 들어갑니다. 생육기에는 구근을 번식시키면서 자구를 만들기도 해요.

4. 독일은방울
Convallaria keiskei

꽃 모양이 앙증맞은 독일은방울이에요. 작은 종 모양의 독일은방울은 여러해살이 식물로, 봄이면 귀여운 꽃은 물론 은은한 향기까지 함께 할 수 있어요. 얼핏 꽃모양만 보면 은방울수선화와 비슷한 느낌이 있어요. 하지만 비교적 큰 구근의 비늘줄기인 은방울수선화는 잎이 가늘고, 독일 은방울은 뿌리쪽 구근은 작고 잎은 넓어요.

은방울의 꽃은 신부의 부케로 이용하기 위해 재배하기도 해요. 뿐만 아니라 약재, 향수 원료로도 이용되고 있어요. 은방울은 작지만 빛나는 아름다움을 갖고 있어 인기가 좋죠.

히야신스나 수선화, 무스카리 등 봄꽃들이 화려할 때 은방울꽃은 열심히 꽃봉오리를 준비해 향기와 귀여움으로 봄을 물들입니다. 야외 정원이 있는 곳이라면 풍성하게 심어서 보면 좋아요. 시중에서는 보통 3월 말부터 포트에 한 촉씩 심어서 판매해요. 하나를 심어도 좋고 모아서 심어도 예쁘게 볼 수 있습니다.

꽃봉오리

넓은 잎

관리 팁

- **꽃** : 구근에서 싹이 나고 잎과 꽃봉오리가 올라온다면 물을 충분히 주세요. 물이 부족하면 잎이 올라오지 못하고 시들어요. 꽃이 핀 후는 물을 흠뻑 줍니다.

- **꽃이 진 후** : 시든 꽃봉오리는 바짝 자르고 물을 줄인 후 시원한 곳에 둡니다. 날이 추워지면 휴면기에 접어 들어 줄기와 잎이 시들어요. 하지만 봄이 되면 새잎이 올라옵니다.

한 화분에 모아 심은 모습

봄이나 가을에 비해 겨울은 계절적인 영향으로 꽃을 볼 수 있는 식물의 종류가 적어요. 그래서 겨울에 보는 꽃들은 더 소중하고 예쁘게 느껴지기도 합니다. 시클라멘의 매력은 추운 계절에 잎 위로 보여주는 화사한 꽃이에요. 하트 느낌이 나는 잎 위로 나비가 내려앉은 듯한 꽃은 보는 눈을 즐겁게 해요.

시클라멘의 학명은 '시클라멘 페르시쿰(Cyclamen persicum)'인데 시중에서는 시클라멘으로 통칭하며 유통되고 있어요. 지중해 동부가 원산지로 별칭인 '페르시쿰(persicum)'은 '페르시아로부터'라는 뜻을 갖고 있어요.

5. 시클라멘
Cyclamen Persicum

다양한 시클라멘의 매력

시클라멘은 빨강, 자주, 핑크, 주황, 보라, 흰색은 물론 이 중의 컬러 등 다양해요. 또 컬러만큼이나 종류도 많아요. 꽃봉오리가 종모양으로 아래로 처지듯 피는 종류도 있고 원종 시클라멘처럼 비교적 작은 형태의 잎과 꽃을 가진 종류도 있어요. 저마다의 개성대로 선택해서 키울 수 있습니다.

원종시클라멘 꽃
작은 구근이 위로 돌출되어 매력적인 원종시클라멘

천사의 날개

휴면이 끝난 뒤 새잎이 나고 꽃봉오리가 생기는 봄

관리 팁

- **빛** : 강한 햇빛보다 간접광으로, 밝은 빛이 좋습니다. 휴면기를 마치고 잎이 나고 꽃봉오리가 생길 때는 밝은 빛을 많이 받아야 꽃봉오리가 많이 생기고, 꽃도 풍성하게 핍니다.

- **물** : 계절따라 차이가 있습니다. 휴면기를 끝내고 잎을 만들며 성장하는 가을부터는 표현이 흠뻑 젖도록 물을 줍니다. 잎이 풍성하고 꽃이 많을 때는 주변의 온도와 습도를 고려한 후 겉흙이 마르면 흙에 많이 줍니다. 꽃이 시들기 시작하면 물을 주는 양을 줄입니다. 꽃이 진 후, 잎과 줄기가 힘이 없어지며 하나씩 마르는 때는 성장을 멈추고 휴면을 준비하는 시기입니다. 이때는 물주기를 멈추고 시원한 곳에 둡니다. 시클라멘의 종류따라 차이는 있지만 잎과 줄기가 다 시든채로 여름을 나기도 합니다. 자연스러운 현상인 경우가 많은데 관리를 못해 잘못된 줄 알고 버리면 안됩니다.

- **줄기관리** : 잎과 줄기 등이 무르는 현상이 있다면, 수분이 많아서 보이는 현상일 수 있습니다. 날이 더워지면서 잎이 노랗고 줄기가 무른다면 물주기를 멈춥니다. 과습은 잿빛곰팡이와 시클라멘 응애도 생기게 할 수 있어요.

- **꽃** : 꽃은 3주에서 2개월 가까이 볼 수 있습니다. 꽃이 활짝 피면 강한 햇빛을 피해 반그늘에 두면 길게 볼 수 있어요.

- **휴면기 관리** : 꽃이 진 후 잎과 줄기도 힘을 잃고 흙 위로 시클라멘 마른 줄기만 보이면 휴면기가 시작된 것입니다. 이때 햇빛이 적고 시원한 곳에 두고 물을 줄입니다. 특히 습도가 높은 한여름에는 물주기는 하지 않습니다. 9월 정도부터 바싹 마른 흙에 소량의 물을 주며 살펴봅니다. 잎이 늘고 잘 자라면 밝은 해가 있는 곳으로 옮겨 꽃봉오리가 생기는 데 빛이 부족하지 않게 합니다.

6. 라넌큘러스
Ranunculus asiaticus

겹겹의 꽃잎이 사랑스러운 라넌큘러스는 흰색, 빨강, 노랑, 분홍색 등 컬러는 물론 종류도 다양합니다. 유럽과 지중해가 원산지예요. 라넌큘러스에 있는 물질 중에는 관절염과 신경통, 각종 피부질환의 치료제로도 유용하다고 알려져 있어요. 꽃잎에 광택이 있는 '락스' 종류는 꽃이 피면 2개월 이상 볼 수 있으며 다른 라넌큘러스 종류도 비교적 꽃이 길게 가는 장점이 있어요. 라넌큘러스는 추위에 약한 편이라 노지 재배는 쉽지 않아요.

꽃이 진 후에는 화분에 물주기를 줄입니다. 그리고 그늘에 건조한 상태로 보관한 후 가을에 다시 심습니다. 구근을 심을 때는 일반 구근과 달리 흙으로 덮어 화분 깊이 심습니다.

관리 팁

- ☀ **빛** : 밝은 곳에서 키웁니다. 빛이 적으면 꽃이 풍성하지 않아요.

- 💧 **물** : 겉흙이 마르면 흠뻑 줍니다. 꽃이 피어 있을 때는 물이 부족하지 않아야 꽃을 조금 더 오래 볼 수 있어요.

- 🌷 **꽃** : 꽃이 진 후는 시원한 곳에 옮기고 물주기를 줄여요.

- 👆 **기타 관리** : 라넌큘러스 꽃을 절화로 본다면 유리병에 꽂아 시원한 곳에 두세요. 겹겹의 꽃잎이 워낙 많아서 바깥 쪽 시든 잎을 따내면 속꽃잎이 퍼지면서 오래 감상할 수 있어요.

7. 크로커스
Crocus sativus

유럽에서는 '봄의 전령사'라고 불리는 크로커스는 이른 봄, 구근 위에서 올라온 싹에서 봉긋하게 부풀어 오르는 꽃이 사랑스러워요. 푸른색부터 노랑, 흰색, 보라 등 다양한 색감이 있어서 모아심기를 하면 더 아름다워요.

다른 구근 꽃에 비해서 꽃을 볼 수 있는 시기가 짧아서 더 아쉽고 소중하게 느껴져요. 화분에 구근으로 심었다면 꽃눈이 올라올 때 햇빛이 잘 드는 곳에 두고 관리해 주세요. 꽃눈이 다 자라 꽃이 피기 시작하면 그늘로 옮겨야 꽃을 조금 더 길게 볼 수 있어요.

관리 팁

- ☀ **빛** : 밝은 곳에서 키웁니다. 빛이 적으면 꽃이 풍성하지 않아요.
- 💧 **물** : 겉흙이 마르면 흠뻑 줍니다. 꽃이 활짝 피었을 때는 물이 부족하지 않아야 합니다.
- 🌷 **꽃** : 꽃이 진 후는 시원한 곳에 옮기고 물주기를 줄여요.

chapter 09

향기로운 허브정원

허브(Herb)는 키우면서 향기와 함께 즐기는 관상용 가치도 있고
식용과 약용 등 사람들의 마음까지 움직이는 능력이 있는 식물이에요.
허브의 좋은 향기는 사람의 후각을 자극하고
감정뿐만 아니라 사람의 중추신경 기관에도 직접적인 영향을 주어
뇌 기능에도 좋은 효과를 준다고 합니다.
요즘은 꽃뿐만 아니라 씨앗, 줄기, 잎, 뿌리가
식용과 약용, 미용 등에 유용하게 쓰이고 있습니다.

1. 피나타라벤더
Lavandula officinalis

'행운, 풍부한 향기'의 꽃말을 지니고 있는 라벤더는 "허브의 여왕"이라고 불려요. 요즘은 어렵지 않게 볼 수 있는 라벤더지만 고대 로마 시대에는 라벤더 꽃 한 단을 사려면 한 달 월급을 지불해야할 만큼 비싸고 귀했어요. 영국에서는 엘리자베스 1세가 가장 좋아한 간식이 바로 라벤더가 들어간 과자였다고 하니 더 궁금한 허브죠.
라벤더의 은은한 향은 마음까지 안정시켜 불안과 불면증에 도움이 되요. 라벤더오일은 살균, 소독작용이 있어 가벼운 화상이나 피부질환, 외상 등에 진정 작용을 하며, 벌레나 곤충에 물려 가려운 곳에 바르면 가려움증이 가라앉는 효과도 있어요. 그래서 오래전부터 서양에서는 라벤더 잎과 꽃을 오일이나 에센스로 만들고, 라벤더 잎과 꽃을 말려서 걸어두었어요.

라벤더도 종류가 많은데요. 스위트라벤더는 성장이 빠르고 꽃을 오랫동안 볼 수 있는 장점이 있어요. 잉글리시라벤더는 꽃은 차로도 마시고 잎은 건조시켜 분말을 만들어 향신료로 써요. 또 프리지드라벤더라고도 불리는 프렌치라벤더는 벌들이 특히 좋아해 밀원식물로도 써요.
다양한 허브 종류가 있지만 프렌치라벤더와 더불어 피나타라벤더는 보랏빛깔 꽃이 돋보이는 허브예요. 북아프리카 지역에서 많이 자생하는 종으로 라벤더 중에 꽃이 가장 크고 풍성하지만 향은 적은 편이라 주로 관상용으로 쓰여요.
간혹 꽃집에서 허브 종류의 식물이 학생들 머리를 맑게 해준다고 공부방에 놓고 키우면 좋다고 하지만 사실 해가 적게들고 바람이 잘 안 통하는 방에서는 장기적으로 키우기가 쉽지 않습니다. 만약 키운다면 낮에 해가 좋고 바람이 잘 통하는 장소에 두었다가 저녁 등 일정시간 짧게 놓아야 합니다.

라벤더 잘 키우기

라벤더를 잘 키우고 싶은데 왜 이렇게 어려울까요? 하는 말을 자주 들어요. 국내에도 여러 허브와 함께 많이 나오는 라벤더는 많은 분들이 오래 함께 하고 싶어해요. 어떤 환경으로 어떻게 관리해야 하는지 잘 알고 나면 조금 수월하게 라벤더와 함께 할 수 있어요.

통풍을 위한 '아랫잎 따기'
허브 종류는 대부분 통풍이 중요합니다. 뿌리 통풍도 필요하지만 줄기와 빼곡한 잎 사이의 통풍이 잘 되어야 진딧물도 예방하고 건강하게 자랍니다. 자연스레 시간이 지나며 누렇게 변하는 잎은 물론, 뿌리와 가까운 잎을 정리해 바람이 잘 통하게 합니다.

아랫잎을 조금 제거하기전 통풍이 원활하지 않은 상태

아랫잎을 적절히 제거한 모습

영양

햇빛과 물이 가장 기본이 됩니다. 하지만 천연 영양제나 알비료를 보충해 주면 꽃을 좀 더 풍성하게 보는데 도움이 됩니다. 기본은 좋은 햇빛과 풍부한 물이 제공되는 것이고, 꽃이 적거나 꽃봉오리가 안 생긴다면 영양제 등을 조금 추가하면 됩니다.

알비료와 천연비료

물에 서서히 녹는 알비료

햇빛

건강한 허브 키우기의 빠질 수 없는 요소인 햇빛은 라벤더가 성장이 좋아지며 꽃봉오리를 만드는 3월부터 정말 중요합니다. 햇빛이 부족한 실내나 그늘진 곳은 햇빛과 통풍이 부족해 잎이 아래로 처지며 시드니 화분을 옮겨주세요.

햇빛과 물의 부족 상태

해가 좋은 곳에서 아침과 저녁으로 물을 준 후

화분을 야외에 놓을 때

꽃집 실내에 있던 라벤더나 집 베란다에 오래 있던 라벤더는 강한 햇빛에 바로 내놓으면 잎, 줄기 등이 처질 수 있으므로 해가 강한 시간을 피해 내놓으며 적응기를 두면 좋습니다.

꽃봉오리가 건강하게 늘어나는 모습

관리 팁

- ☀ **빛** : 햇빛과 통풍이 중요합니다. 해가 잘 들고 바람이 통하는 곳에서 키웁니다.
- 💧 **물** : 계절따라 약간 차이가 있습니다. 봄부터 여름에는 겉흙이 마르면 흠뻑 줍니다. 보통 크기의 화분에 심어 야외에서 키운다면 4월부터는 아침과 저녁으로 물을 줍니다. 해 좋은 베란다에서는 겉흙이 마르면 흠뻑 줍니다.
- 🟤 **흙** : 물빠짐이 너무 좋은 흙보다 마사는 조금만 섞고, 보습력이 좋은 흙을 사용합니다.
- ✌ **통풍잎 따기** : 뿌리와 가까운 쪽 잎, 누런잎 등을 제거해 기본 통풍이 되게 합니다.

2. 레몬밤
Melissa officinalis

허브 중에서도 향기가 좋은 레몬밤은 잎을 만지면 박하향이 섞인 레몬향이 납니다. 그윽하고 달콤한 그 향기를 좋아하는 벌들을 유도하기 위해 벌집 근처에는 레몬밤을 많이 심기도 했어요. 속명 '멜리사(Melissa)'도 그리스 신화에 나오는 꿀벌 요정 멜리사에서 유래되었어요.

허브의학에서 레몬밤은 불안감소와 수면에 효과는 물론 기억력 향상에 도움을 주는 것으로 알려져 허브의학자들은 알츠하이머병, 치매, 주의력결핍장애에 레몬밤을 처방하기도 합니다. 침출액에는 감기나 인플루엔자 치료에 효과가 있다고 알려져 있어요. 생잎이나 에센셜 오일은 아로마테라피에 사용하며 불안, 우울, 불면, 신경성 두통에 효과가 있어서 베란다에서 키우면서 유용하게 활용할 수 있어요.

레몬밤은 남유럽이 원산지로 3~4종이 있는데, 요즘은 영국이나 러시아 중부는 물론 다양한 나라에서 환경에 따라 조금씩 다른 모습으로 자생합니다. 다년초로 잔털로 줄기와 잎이 덮여 있는 레몬밤은 우리나라에서도 일반 원예식물로 사랑받고 있으며 차는 물론 추출물이 다양하게 활용되고 있어요.

관리 팁

- ☀ **빛** : 레몬밤은 반음지를 좋아하고 적당한 수분과 함께 비료 성분이 있는 흙을 좋아합니다.
- 💧 **물** : 화분에서 키운다면 겉흙이 마르면 아주 흠뻑 줍니다. 물이 부족하면 잎이 처지고 말라서 손상이 와요.
- ✂ **기타 관리** : 아랫쪽 뿌리 주변 오래된 잎은 통풍이 잘 되게 조금 따주고 자연스럽게 생기는 누런 잎도 제거합니다.

영국 최초의 메디컬센터(The London Dispensary, 1696)에서는 레몬밤을 와인에 넣어 매일 한 잔씩 마시면 기억력을 높이고 치매 예방에도 도움이 된다고 발표하기도 했어요. 특히 레몬밤은 독성이 없어 영유아는 물론 누구나 먹을 수 있는 3대 허브 중 하나예요. (3대 허브 : 캐모마일, 펜넬, 레몬밤)

3. 블루 세이지
Salvia officinalis

세이지의 속명은 '구원하다'라는 뜻을 가진 '살비아(Salvia)'로 불리는데 로마인들은 종교의식을 위해 세이지를 수확했고 그리스인들은 기침과 호흡기 감염에 세이지를 이용했다고 합니다. 영국의 허벌리스트 존 에블린은 "세이지는 다양하고 놀라운 효능을 지닌 식물이며, 꾸준히 복용하면 죽음을 면한다."라는 말을 했을 정도예요. 표현에 과장된 면이 있겠지만 그만큼 이로운 식물이라는 것을 강조했어요. 중세 식물지 기록에는 질병에 사용된 것으로 되어 있고 치아미백은 물론 다양한 구강세정제에도 세이지 성분이 함유되어 있습니다.

관리 팁

- ☀ **빛**: 햇빛이 좋은 곳에서 관리합니다. 빛이 적은 곳에서는 잎이 건강하지 않고 아래로 처지는 현상을 보입니다.
- 💧 **물**: 겉흙이 마르면 흠뻑 줍니다. 더운 계절 물이 부족하면 잎이 손상을 입어요. 물부족으로 손상된 잎이 있다면 따고, 저면관수를 합니다.

허브 종류는 대체로 햇빛과 통풍이 좋아야 합니다. 야외 정원이 있다면 여러 종류를 건강하게 키우기 좋아요. 하지만 아파트나 일반 주택 베란다에서는 햇빛, 통풍 등이 부족해 생각만큼 쉽지 않을 때도 있습니다. 환경을 고려해 허브 초보라면 대품이나 중품보다 가격 부담이 적은 소품으로 2~3종류를 키워도 좋아요. 또 키우다가 허브가 좋아하는 야외 환경과 달라 시들해질 수도 있습니다.

4. 로즈마리
Rosmarinus officinalis

대중적으로 많이 알려지고 사랑받는 종류인 로즈마리는 양지바른 지중해 해안이 원산지예요. 로즈마리는 '바다의 이슬'이라는 뜻의 라틴어예요. 요즘은 여러 가지 용도로 많이 이용되고 있는데, 특히 로즈마리 오일은 근육통과 관절염에도 좋다고 알려져 있어 다양하게 연구·활용되고 있습니다. 집에서는 로즈마리를 키우면서 정신적 안정은 물론 키우는 즐거움까지 느낄 수 있습니다. 신선한 로즈마리 잎은 따서 건조해서 차를 만들거나 간단한 오일을 만들어 사용할 수 있습니다.

로즈마리는 햇빛이 좋고, 잎 사이로 통풍이 잘 되는 장소가 좋습니다. 그 두 가지가 부족하면 잎에 병충해가 생기고 마르는 등 손상이 옵니다.

관리 팁

- ☀ **빛** : 햇빛과 통풍이 중요합니다. 해가 잘 들고 바람이 잘 통하는 곳에서 키웁니다.
- 💧 **물** : 겉흙이 마르면 흠뻑 줍니다. 물이 부족해도 잎에 수분이 빠지며 마릅니다.
- 🌱 **흙** : 일반 분갈이 흙에 가는 마사를 조금 섞어 심습니다. 마사를 너무 많이 섞으면 물관리가 어려울 수 있으므로 20% 정도 비율로 합니다.

5. 오데코롱민트
Mentha × piperita f. citrata

다양한 허브 종류 중에서 민트 품종은 잎의 향기가 유난히 좋아요. 오데코롱민트는 부드러운 표면의 잎이 옅은 자주빛과 진녹색을 함께 띄고 있어요. 애플민트와 스피아민트가 대표적인 식용 허브라면 오데코롱민트는 주로 향수 등 화장품 원료로 이용되고 있어요.

작은 포트에 있는 오데코롱민트를 구입한다면 큰 화분으로 분갈이가 필요해요. 분갈이를 하지 않고 작은 화분에서 그대로 키우면 흙과 영양 등의 부족으로 잘 자라지 않거나 잎과 줄기에 손상이 올 수 있으므로 꼭 큰 화분으로 분갈이를 해서 키우는 게 좋아요.

 올바른 허브 물주기

허브 물주기는 계절이나 장소, 화분 크기 등에 따라서 차이가 있습니다. 야외 노지 땅에서 키우는 허브와 달리 화분에 식재 했다면 햇빛의 양과 공기 중의 습도를 고려해 화분 겉의 흙이 바싹 마르면 아주 흠뻑 줍니다. 조금씩 자주 주는 것보다 한 번 줄 때 흠뻑 줍니다.

너무 긴 줄기는 지줏대를 이용해 고정하거나 윗부분을 잘라서 삽목을 합니다.

 **관리 팁**

- ☀ **빛** : 햇빛과 통풍이 정말 중요합니다. 강한 해가 잘 들고 바람이 잘 통하는 곳에서 키웁니다. 햇빛이 너무 적은 곳은 잎이 웃자라고 잎이 건강하지 않을 수 있어요.
- 💧 **물** : 계절따라 약간 차이가 있습니다. 봄부터 여름에는 겉흙이 마르면 흠뻑 줍니다. 보통 크기의 화분에 심어 야외에서 키운다면 4월부터는 아침 저녁으로 물을 줍니다. 베란다 해 좋은 곳에서는 겉흙이 마르면 아주 흠뻑 줍니다.
- 🟤 **흙** : 물빠짐이 너무 좋은 흙보다 마사는 조금만 섞고, 보습력이 좋은 흙을 사용합니다.
- 🌱 **통풍잎 따기** : 잘 자란다면 아랫쪽 많은 잎, 누런잎을 제거해 통풍이 되게 합니다.

chapter 10

선인장과 다육식물

플랜테리어로 좋은 식물을 꼽는다면
선인장과 다육식물이 빠지지 않아요.
플랜테리어는 집은 물론 사무공간, 상업공간 등의 인테리어를 할 때
중요 요소에 식물을 많이 선택해 꾸미는 것에서 온 신조어라고 할 수 있어요.
다양한 식물(plant)과 인테리어(interior)를 합성해
편리하게 부르는 플랜테리어는 카페나 식당, 사무공간 등에
많이 적용하고 있어요.
그렇게 공간 특성에 맞는 식물과 소품을
적절히 배치해서 사람들에게 시각적인 편안함은 물론
공간에 대한 끌림을 유도하는 효과도 있어요.
선인장과 다육식물은
햇빛의 양만 적당하다면
물관리 면에서 부담이 적어
플랜테리어로 좋아요.

선인장의 특성과 종류

선인장은 건조지대나 아열대지방, 고원지대 등 전세계 여러 환경에서 15,000여 종 이상이 분포하는 식물이에요. 흔히 가시가 많은 식물이라고 생각하지만 가시가 없는 종류도 있고 성질이나 형태도 정말 다양해요.

선인장은 기둥 모양으로 곧게, 위로 자라는 기둥선인장 종류와 볼륨감이 다양한 철화, 줄기가 둥글고 납작한 모양으로 여러개를 이어 붙인 것처럼 생긴 부채선인장, 가시가 없는 선인장까지 그 종류와 특성을 알고 나면 더 좋아지는 식물이에요.

선인장이 더운 계절을 좋아한다고 생각하기 쉽지만 실제로는 온도와 습도가 높은 여름철을 괴로워하는 종류도 많아요. 그래서 비가 많이 내리는 장마철에는 통풍에 신경을 쓰고 과습을 방지하기 위해 물주기를 조심해야 합니다. 한여름 강한 햇빛에 오래두면 표면이 화상을 입을 수도 있어요.

곧은 형태로 자라는 선인장은 성장기에 햇빛이 부족한 경우 윗부분이 가늘어지며 특유의 균일한 모양을 보기 어려워요. 빛이 부족해 선인장의 모양이 걱정이라면 줄기 형태가 자연스럽게 자라는 '철화' 종류를 선택하면 좋아요. 철화는 선인장이나 다육식물이 원래의 형태와 달리 주름잡은 것처럼 옆으로 퍼지거나 굽이치는 형태를 하고 있어요. 그래서 웃자라거나 그로인해 모양이 예쁘지 않게 변하는 것에 대한 걱정이 적어요. 철화는 춘봉철화, 유포비아, 구름새 등 종류도 다양해요.

선인장과 화분선택

선인장을 심는데 정해진 화분이 따로 있지는 않아요. 하지만 선인장 종류가 대부분 개성이 강한 편이라서 색상이 너무 강한 종류나 장식이 많은 형태보다 단순한 형태, 너무 튀지 않는 색을 선택하면 개성을 잘 살리며 볼 수 있어요.

선인장과 햇빛

선인장은 더운 지역의 식물이지만 기온이 25도 이상인 야외의 강한 햇살은 피해야 해요. 자생하던 곳에서는 처음부터 그 환경에 맞게 적응하며 살았지만, 일반적인 원예용으로 재배되어 유통되는 종류는 강한 해에는 화상을 입고 가시 손상이 올 수 있어요.

성성환 꽃

 관리 팁

- ☀️ **빛** : 강하게 비치는 직광의 해 보다는 밝은 빛이 오래 드는 곳이 좋아요.

- 💧 **물** : 종류마다 성장에 필요한 물의 양이 달라요. 물을 아예 안줘도 되는 선인장은 없지만 평소에 물관리를 크게 신경쓰지 않아도 되는 종류가 있고 주 1회 정도 물을 줘야 하는 종류도 있어요. 그러므로 키우는 선인장의 종류와 계절, 장소에 따라 적절한 물주기를 합니다. 물을 줄 때는 선인장 뿌리 주변에 많은 양을 부어주는 것보다 화분 가장자리 쪽으로 조금씩 줍니다. 일반 물통이 아닌 종이컵 등에 소량의 물을 받아 가장자리로 주면 뿌리가 썩는 것을 예방할 수 있어요.

- 🪴 **화분** : 배수가 잘 되는 화분이 좋으며 선인장에 비해 너무 크지 않아야 해요. 적절한 크기의 화분은 과습을 예방하는데 도움이 됩니다.

- 🌱 **흙** : 선인장마다 차이가 있지만 마사와 펄라이트 등을 적절히 섞어요. 일반 관엽식물 등에 심는 분갈이 흙만 사용하면 더운 계절이나 장마철 등에 뿌리 손상이 올 수 있어요.

- 📍 **장소** : 아파트라면 밝은 빛이 드는 베란다가 좋아요. 겨울에 영하로 내려가지 않으면 큰 문제없이 자라요. 실내에 둔다면 해 좋은 낮에 몇 시간씩 베란다에 두면 모양도 예쁘고 더 건강해져요.

- 🌷 **꽃보기** : 일반 식물과 마찬가지로 선인장도 꽃을 피워요. 종류에 따른 차이는 있지만 주로 봄부터 초여름에 꽃을 볼 수 있어요. 꽃을 피우는 요소의 기본은 충분한 햇빛이에요. 비료나 영양제가 없어도, 통풍이 잘되고 밝은 빛이 있는 곳이면 선인장의 꽃을 볼 수 있어요.

구름새 철화

용신목

개성있는 다육식물의 세계

국내외에 유통 및 자생하는 다육식물은 수천 가지가 넘어요. 잎이나 줄기, 뿌리 내부 등에 기본적으로 물을 저장하고 있는 성질을 통칭해 '다육식물'로 부릅니다. 다육식물에서 생김과 성격으로 종류를 나누는데 그것을 "속"이라고 해요. 에케베리아 속, 세덤 속, 크라슐라 속, 에오니움 속, 파키피텀 속, 리톱스 속, 하월시아 속, 두들레야 속, 알로에 속, 아가베 속, 아드로미츄스 속, 카랑코에 속이 있어요.

다육식물의 광합성 : CAM 광합성

다육식물만을 다양하게 잘 키우는 분도 있고, 다육만을 전문으로 전시, 판매하는 식물원도 많아요. 실제 다육식물원에 가면 작고 귀여운 모습에 반해 구입하고 싶은 충동을 이기기 어려울 때도 있는데요. 집에 가져와서 베란다에 놓고 키우다보면 원래의 개성있는 모양이나 고운 빛깔이 사라지기도 해서 아쉬울 때가 있어요.
그건 다육식물의 주 원산지가 중남미와 남아프리카의 사막과 해안건조지대이기 때문이에요. 다육식물은 충분한 광합성이 이루어져야 생존은 물론, 모양이나 개성을 건강하게 유지할 수 있어요. 특성이나 관리법을 잘 모르는 상태에서 다육식물을 많이 들이면 웃자람이나 무름병 등으로 난감할 수 있어요.
다육식물은 일반식물과 달리 덥고 건조한 환경에서 진화한 식물답게 기온이 내려가는 밤부터 광합성을 시작합니다. 이것을 보통 'CAM 광합성' 이라고 하는데요. 기온이 오르는 낮에 건조해지는 것을 막기 위해 이산화탄소와 산소가 드나드는 기공을 닫아서 수분 손실을 줄입니다. 그리고 밤부터 생성한 영양분은 액포 속에 저장하고 다음날 빛이 좋은 낮부터 유기산과 빛으로 포도당을 생성합니다. 이렇게 광합성에 많은 시간과 에너지를 소비하다보니 다육식물의 성장은 더디고 작은 형태가 많아요.

다육식물의 성장

다육식물을 잘 키우기 위해서는 기본적으로 빛과 바람, 적당한 물이 필요합니다. 키우기 쉽고 그냥 두어도 잘 자란다고 말하는데 그렇지만은 않아요. 종류별, 특성별로 잘 관리해야 건강하고 오래 함께 할 수 있습니다. 우리집 공간의 특성과 빛 등을 고려해 좀 키우기 수월한 종류를 들이면 좋습니다. 또 다육식물 초보라면 너무 고가의 다육식물보다 가격 부담과 관리 어려움이 적은 종류를 선택합니다.

다육식물의 번식 : 잎꽂이, 적심, 씨앗번식

다육식물의 번식 방법은 다양해요. 주로 잎을 떼서 번식하는 잎꽂이와 줄기 부분의 적당한 위치를 자르는 적심이 있고, 이 외에는 씨앗을 뿌리는 방법이 있어요. 다육식물의 씨앗은 아주 작아서 마치 가루처럼 보이기도 해요. 미세한 입자라서 굵은 흙에 심기는 어려우므로 고운 모래와 질석을 섞은 별도의 배양토를 만들어 그 위에 씨앗을 뿌려요. 씨앗을 뿌린 후 씨앗에서 발아된 새싹이 수월하게 올라 올 수 있도록 가벼운 질석을 덮어요. 일반적인 물주기를 하면 씨앗이 떠오르거나 물을 따라 흐를 수 있으므로 큰 그릇을 놓고 물을 담아 바닥에서부터 화분 속 흙으로 물이 흡수되도록 하는 저면관수법이 좋아요. 새싹에서 떡잎이 갈라질 때까지 물을 말리지 않는 것이 중요해요.

다육식물의 병·해충 관리

다른 식물도 마찬가지지만 다육식물도 병이나 벌레가 생길 때가 있어요. 구입할 때는 없었던 벌레는 어디서 생기는걸까요? 식물을 들여올 때 함께 따라오기도 하지만 보통은 흙속에서 혹은 식물에서 자연스럽게 생기는 경우도 많아요. 특히 건조하게 키우는 식물이다보니 벌레들이 살기 좋은 환경이 만들어진 것도 원인이에요.
일반 관엽 등에 비해 물을 적게 주다보니 벌레의 발견이 늦어지기도 해요. 평소에 자주 살펴보고 관심을 갖는게 중요해요. 만약 벌레를 발견했다면 면봉 등을 이용해 눈에 보이는 것은 제거해주세요. 그리고 벌레에 맞는 약을 구입해 용량을 지켜서 사용해주세요.
무름병과 줄기 썩음병은 다육식물에서 자주 볼 수 있는 병인데요. 무름병은 계절과 큰 상관없이 줄기와 잎이 언 것처럼 물러버리는 현상이에요. 물을 많이 준 경우가 흔한데 이때는 물을 주지 않고 살펴보며, 화분의 물 빠짐도 체크해보세요. 줄기 썩음병은 줄기를 잘랐을 때나 분갈이 후 균에 감염된 경우 보이는 현상이에요. 검게 변하고 손상된 줄기를 잘라주고 다육식물용 살균제를 뿌려줍니다. 손상이 없는 줄기는 말려서 다시 심으면 됩니다.

1. 청산호선인장
Euphorbia tirucalli

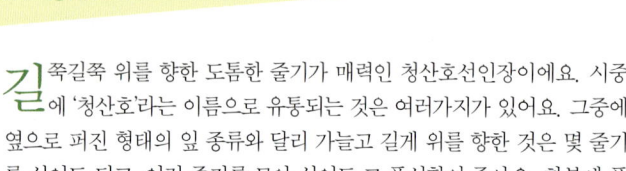

쭉쭉 위를 향한 도톰한 줄기가 매력인 청산호선인장이에요. 시중에 '청산호'라는 이름으로 유통되는 것은 여러가지가 있어요. 그중에 옆으로 퍼진 형태의 잎 종류와 달리 가늘고 길게 위를 향한 것은 몇 줄기를 심어도 되고, 여러 줄기를 모아 심어도 그 풍성함이 좋아요. 화분에 풍성하게 심으면 또 다른 개성을 느낄 수 있습니다.

> **청산호 잔잎 관리**
>
> 청산호선인장 줄기 윗부분으로 나는 잔잎은 물과 햇빛 양에 따라서 색감이 달라질 수 있습니다. 잔잎이 말라 떨어진다고 그것만 보고 물을 너무 많이 주지 않아야 합니다. 자칫 청산호 본줄기가 과습으로 물러질 수 있습니다. 물은 화분 가장자리로, 소량씩 나누어 줍니다.

관리 팁

- ☀️ **빛과 온도** : 강한 햇빛을 피해, 유리창을 한 번 통과한 정도의 밝은 빛이 있는 곳이 좋습니다. 기온이 높을 때 강한 해에 오래 두면 표면에 화상을 입어요. 겨울철에는 5도 이상 내려가지 않는 곳에 두어야 냉해를 예방할 수 있어요.

- 💧 **물** : 건조하게 관리해야 하는 식물입니다. 겉흙이 아주 바싹 마르면 화분 가장자리로 물을 줍니다. 특히 기온이 낮은 계절에는 물의 양을 줄입니다.

- 🪴 **흙과 분갈이** : 흙은 물빠짐이 좋은 마사를 많이 섞어 사용하면 좋습니다. 분갈이를 할 때는 여러 줄기가 풍성하게 한 화분에 모여 있다면 단일 줄기의 식물과 달리 서로 다른 개체가 화분밖으로 나오며 모양이 흐트러질 수 있습니다. 청산호 개체 수와 부분을 고려해서 줄기가 한 화분에 많다면 뿌리 바로 위쪽을 손으로 잘 잡고 빼서 옮겨 심습니다. 화분에 식재한 후에는 화분 가장자리와 표면 흙만 씻어낼 정도로 물을 주고 흙이 흠뻑 젖지 않도록 합니다.

청산호가 위로 길쭉하면서 촉수가 많다면 너무 낮은 형태보다 높이는 있으면서 단순한 형태의 화분이 좋아요. 촉수가 적고 옆으로 잔줄기가 있는 청산호라면 낮은 실린더 형태의 화분도 잘 어울려요.

2. 웅동자
Cotyledon tomentosa

자기들만의 개성과 매력을 뽐내는 다육식물들이 정말 많아요. 그 중에서 귀여운 외모 겨루기를 한다면 빠질 수 없는 게 웅동자가 아닌가 싶어요. 마치 아기곰을 연상시키는 웅동자는 도톰한 잎 끝에 뾰족한 발톱같은 모양을 하고 있어요. 잔털이 보송보송한 귀여운 잎은 볼때마다 만지고 싶지만 꾹 참고 눈인사만 해요.

꽃은 주로 더위가 끝나고 초가을부터 피기 시작해요. 꽃이 피면 가까이 놓고 자주 보고 싶어서 방 창가에 올려놓아요. 여름은 덥고 습해서 웅동자들 걱정을 많이 하는데, 더운 여름 잘 나고 꽃까지 보여주면 더 특별하고 사랑스러운 초록이가 됩니다.

관리 팁

- ☀ **빛** : 햇빛이 잘 들고 통풍이 좋은 곳에 두고 키워야 웃자라지 않고 꽃도 핍니다.

- 💧 **물** : 과습을 주의합니다. 겉의 흙이 바싹 마른 후 분무기같은 물줄기로 흙에만 물을 줍니다. 밤이나 흐린 날을 피해서 해가 좋은 날 오전에 주면 필요한 만큼 뿌리로 물을 흡수하고 흙에 남은 물기는 햇빛에 말라서 과습을 예방할 수 있어요.

- 🪴 **분갈이** : 온라인 등으로 구매를 하면 화분없이 오는 경우가 많아요. 이때 분갈이는 특히 조심스럽게 해야 잎이 떨어지는 것을 막을 수 있어요. 손으로 잎을 자주 만지거나 건드리면 털의 윤기도 줄어들고 잎도 떨어져요.

건강하게 자라 목질화 된 웅동자

연 필선인장은 친근한 이름만큼 귀여운 모습에 시선이 갑니다. 부담스럽게 느껴지는 가시는 없고 귀여움만 조롱조롱 달렸어요.

연필선인장은 청산호 선인장, 기린 선인장과 닮은 듯 다른 모습인데요. 청산호가 주로 일자 형태로 위로 길게 자라는 특징이 있다면 연필선인장은 윗쪽 끝줄기부분이 짧고 뭉툭하게 갈라지듯 여러 개의 줄기가 있고 그 끝에 잔잎이 납니다.

연필선인장의 개성있는 모습을 예쁘게 보려면 크기와 형태에 맞는 화분 선택도 중요합니다. 정해진 화분이 있는 건 아닙니다. 일자형태인 실린더, 아래로 좁아지는 기본형 등도 좋아요. 개성 있는 줄기를 돋보이게 보려면 화분 컬러, 문양이 너무 튀지 않는 게 좋아요.

연필선인장을 구입할 때는

특유의 모양을 개성있게 보기 위해 지나치게 키가 위로 자란 것보다, 적당하게 낮은 키를 선택합니다. 또 줄기 끝에 뭉뚝한 몽당연필같은 잎이 여러 개 나있는 게 좋아요. 아랫쪽 기본 줄기 등에 상처가 없는 것을 고릅니다.

3. 연필선인장
Cylindropuntia arbuscula

연필선인장을 심을 때는

화분 윗부분이 조금 넉넉히 드러나도록 심어 아래에서 살짝 올라오는 느낌이 들도록 합니다. 윗부분은 세척마사나 작은 크기의 화산석으로 마무리하면 깔끔하게 볼 수 있습니다.

 관리 팁

- ☀️ **빛** : 강한 햇빛을 피해 유리창을 한 번 정도 통과한 밝은 빛이 좋습니다.
- 💧 **물** : 과습을 조심해야합니다. 줄기조직에 수분이 많이 있어 물을 많이 주면 줄기 손상이 옵니다.
- 📍 **장소** : 빛이 적은 실내보다 밝은 빛이 있고 바람이 잘 통하는 곳이 좋습니다.
- 🪴 **분갈이** : 갈색 연질화분에 있는 작은 것을 구입했다면 화분의 흙을 털지 말고 그대로 심습니다. 간혹 맨 아래쪽 뿌리가 덜 내렸거나 뿌리가 적게 났을 수 있습니다. 하지만 그대로 식재해 물은 너무 주지 않고 잘 관리하면 큰 문제없이 뿌리가 더 많이 나고 잘 자랍니다. 식재 후 물은 주지 않습니다. 만약 분갈이로 화분이 지저분해졌다면 화분 가장자리쪽으로 물을 조금 뿌려 이물질을 제거합니다.
- 👆 **웃자람을 예방하려면** : 성장기에 햇빛 양이 적으면 줄기가 위로 불규칙한 형태로 가늘고 길게 자라요. 봄, 가을 성장기에 햇빛을 충분히 받는 곳에서 관리해 주세요.

4. 곰돌이선인장

Opuntia

곰 돌이선인장이에요. 줄기가 납작하고 부채 모양을 여러 개 이어서 붙인 것처럼 생겨서 부채선인장, 손바닥선인장이라고도 불리며, 제주도에서도 자생합니다.

둥근 잎이 연결된 줄기는 일반적인 선인장처럼 다육질로서 몇 군데가 마디처럼 잘록해요. 보통 원통 모양, 공 모양, 타원 모양 등 그 모양이 여러 가지이며, 그 모양따라 분류를 합니다. 이 부채선인장속에는 매우 많은 품종이 있으며 토끼귀를 떠오르게 하는 백도선선인장도 사랑받는 품종이죠.

마디마다 연결된 잎은 작게 나와 동글동글, 조금씩 커지는데요. 성장기에는 좋은 햇빛과 수분이 적당히 유지되어야 합니다.

백년초, 곰돌이 선인장 잔가시 조심하기

동글동글 표면에 연한 갈색 점 같기도 한 가시들이 촘촘히 보이는데요. 눈에 쉽게 보이지 않는 잔가시가 있어 호기심이 많은 아이들이나 반려동물이 있는 곳이라면 주의가 필요해요. 잔가시가 피부에 닿거나 박히면 눈에 잘 띄지도 않으면서 따끔거려요. 백년초 종류를 비롯해 선인장을 키우거나 키울 예정이라면 안전하게 벽 한쪽으로 밀어두거나 동선이 많지 않은 곳이 좋아요.

부채선인장 종류는 특유의 모양을 예쁘게 유지하려면 좋은 햇빛이 필요합니다. 번거로워도 햇빛을 잘 받도록 해주세요.

관리 팁

- **빛** : 유리창을 한 번 통과한 정도의 밝은 빛을 좋아합니다. 봄·가을 적당한 정도의 햇빛을 보는 건 좋지만 한여름 직광은 선인장 표면이 화상을 입을 수 있습니다.
- **물** : 온도가 올라가는 5월부터는 물이 너무 부족하지 않아야 합니다. 물이 부족하면 잎이 얇아지듯 쪼글거리고, 연결 부위에 힘이 약해 구부러지기도 합니다. 한 번에 과도한 물주기보다 화분 크기와 날씨를 고려해 7~10일에 한 번 가장자리에 줍니다. 만약 물이 너무 부족해 처지고 쪼글거리면 2~3일 간격으로 가장자리에 조금씩 줍니다.
- **온도** : 백년초 종류가 겨울 추위에도 강한 편이라 야외에서 겨울을 나기도 해요. 하지만 일반 백년초와 달리 원예용으로 개량된 부채선인장 종류는 한겨울 야외보다 베란다 등에서 키우면 좋습니다.
- **화분** : 색감이나 문양이 너무 강하지 않고 단순한 형태를 선택하면 곰돌이선인장의 매력을 은은하게 느낄 수 있어요.

5. 단애여왕
Rechsteneria leucotricha

보들보들, 융단천같은 부드러운 잎을 가진 단애여왕은 잎이 매력이에요. 투박한 덩어리 위로 올라온 반전의 잎은 그 자체만으로도 예뻐서 보는 즐거움이 커요.
보통 늦가을부터 휴면기에 접어들어 겨울잠을 자고 2월 쯤부터 성장활동을 합니다. 이때 묵은 줄기를 떨구고 새순을 올려 보들보들 잎을 만들어요.

겨울이면 이상해 지는 잎, 왜 이럴까요?

날씨가 추워지고 휴면할 때는 잎의 윤기가 사라지고 변색과 함께 힘없이 지냅니다. 괴근 위 줄기가 힘없이 부러져 잎 없이 휴면하기도 합니다. 기온이 내려가기 시작하면 잎의 윤기가 없어지고 마르는데 겨울을 보내기 위한 자연스러운 현상입니다. 이때 물주기를 줄인 후 시원한 곳에 두고 봄을 기다리면 됩니다.

관리 팁

- ☀️ **빛** : 직광일 때는 잎의 수분이 사라져 윤기가 없어지고 화상을 입습니다. 밝고 바람이 잘 통하는 곳에서 키웁니다.
- 💧 **물** : 계절따라 차이가 있지만 겉흙이 아주 바싹 말랐을 때 흠뻑 줍니다. 과습을 조심해야하는 일반 다육이처럼 키우면 물부족이 올 수 있습니다. 물이 조금 부족해도 비교적 잘 견디지만 계속 부족하면 돌덩이처럼 생긴 부분의 수분이 조금씩 빠집니다. 하지만 물을 충분히 주면 서서히 원래 모양을 되찾아요.
- 🟤 **흙** : 일반 상토는 아주 소량을 섞고 가는 마사를 많이 섞어 사용합니다.
- 🪴 **분갈이 시 주의점** : 투박한 괴근 외에 아래 뿌리가 따로 있습니다. 분갈이를 할 때는 괴근 윗부분이 흙에 너무 푹 묻히지 않고, 적당히 흙 위로 나오게 해야합니다. 덩어리 아래 영양 활동을 하는 일반 뿌리가 따로 있습니다. 덩어리가 너무 깊이 묻히지 않아야 특유의 개성도 살리고 건강하게 키울 수 있습니다.

겨울, 휴면에 접어 들 때의 잎

녹영과 함께 맞이 한 봄

6. 리톱스
Lithops

리톱스 꽃

개성있는 다육식물을 꼽자면 리톱스를 빼놓을 수 없어요. 얼핏 모양만 보면 돌덩이 같기도 하고 동물 발굽 같기도한 모습이에요. 그래서 처음 보면 낯설고 이상하다고 느끼는 경우가 많아요. 하지만 알면 알수록 매력이 가득한 식물이에요. 리톱스는 보통의 식물과 달리 탈피하는 과정을 거치면서 성장과 번식을 해요. 키우면서 탈피를 하는 모습을 지켜보면 정말 신기해요.

리톱스도 종류가 다양한데 좋아하는 분들은 리톱스만을 키우며 번식하기도 해요. 씨앗을 발아해 키우는 것 외에도 탈피 과정을 거쳐 개체 번식을 합니다. 아주 작은 리톱스를 모듬으로 키웠는데 탈피하면서 개체수가 늘어나 빼곡해졌어요. 탈피 후 개체가 늘면서 화분이 좁아질 수 있어서 분갈이는 꼭 필요해요.

리톱스의 탈피와 번식

가운데가 갈라지며 탈피를 하는 모습.

시간이 지나 바깥 표피가 마르고 정상적으로 탈피를 한 모습.

관리 팁

- ☀ **빛** : 밝은 빛이 드는 곳이 좋습니다. 그래야 탈피 후 웃자람도 적고 꽃도 핍니다.
- 💧 **물** : 과습이 되면 줄기 자체가 물러서 녹아내립니다. 마사를 많이 섞어서 화분에 물빠짐이 좋게 하고 건조하게 키웁니다. 비가 오거나 습할 때, 추울 때 등 날씨에 따라 물을 다르게 줍니다. 윗부분 색이 변하며 물컹해지면 살릴 방법이 쉽지 않으니 조심합니다. 특히 장마가 시작되는 6월부터는 물을 주지 않는 게 좋아요. 탈피를 하는 기간에는 물을 주지 않아야 합니다.
- 🪴 **분갈이** : 모둠으로 심을 때는 적당한 간격을 두고 심어줍니다. 분갈이는 장마가 끝난 직후가 좋고 꽃이 피어있을 때는 피합니다.

'가을다육'이라는 별명을 붙여도 될만큼 갈색 빛깔이 예쁜 다육식물 세무리아예요. 잎 표면의 촉감은 기분좋게 보들거리고, 한 화분의 잎에서 여러 색상을 볼 수 있어요. 새잎이 날 때는 연두와 은빛을 섞은 듯 하고, 조금씩 자라면서 초록빛을 띠고요. 또 햇빛을 잘 받으면 은은한 브라운 잎이 매력인 세무리아는 평범한 듯한 잎이지만 색감이 주는 매력으로 사계절을 멋스럽게 함께 합니다.

7. 세무리아
Kalanchoe orgyalis

베란다 여러 관엽들 사이에 있어 해가 부족해도 무난히 잘 자라며 예쁜 모습을 보여주고 있어요. 세무리아는 다육식물 중에서도 베란다에서 키우면 웃자람이나 관리 등의 걱정을 조금 덜고 키울 수 있어요.

새 잎에서 느껴지는 은빛

햇살에 물드는 잎

🌱 세무리아 적심하기, 잎꽂이하기

키가 너무 많이 자라거나 웃자란 다육식물을 관리하는 방법으로 줄기를 절단하는 '적심'은 세무리아에도 유용합니다. 키가 너무 자란 경우에는 한겨울이나 한여름을 피해 적심을 하면 좋아요. 방법은 자를 위치를 정하고 깨끗한 가위를 이용해 절단하는 것이에요.

키가 큰 세무리아는 줄기 중간 부분을 자르고 분리해 윗부분은 며칠 건조한 후 마사를 많이 섞어 다른 화분에 심습니다. 가장 오래된 아래쪽 큰 잎은 뚝 따서 원래 화분 위에 올려두었어요. 위로 새 잎이 많이 나면서 아래쪽 묵은 잎은 자연스럽게 마르기도 합니다.

아래쪽 큰 잎 하나는 따서 화분 흙 위에 올려두면 뿌리가 나옵니다.

적심으로 윗 줄기를 잘라 분리하고 난 뒤 새 잎이 나는 모습입니다.

🌱 관리 팁

- ☀️ **빛** : 강한 햇빛을 피해 밝은 곳에서 키웁니다. 강한 해에는 잎이 화상을 입을 수 있어요.

- 💧 **물** : 잎과 줄기에 수분이 많으므로, 건조하게 키웁니다. 장소와 습도에 따라 차이가 있지만 물은 월 1회 정도 주며 관리합니다. 추울 때는 물주기를 줄입니다.

- 🌿 **기타 관리** : 세무리아 특성 상 위로 키가 많이 자라요. 키가 너무 커질 때는 원하는 줄기를 잘라서 따로 심으면 됩니다.

수제 토분

가드닝의 역사가 오래된 외국은
황토흙을 이용해 구운 다양한 토분은 물론 수제토분사가 많이 있어요.
꼭 수제토분만 식물에게 좋은 것은 아니지만
자신이 가꾸는 공간에 매력이 다른 화분을 갖고 싶어하는
가드너들이 늘어나면서 수제 토분에 대한 관심도 더 높아지고 있어요.
국내에도 최근 10년 사이
다양한 수제토분사가 생겨서
저마다 개성있는 토분을 만들고 있습니다.
뿐만 아니라 지속적으로 토분 제작회사가 생기고 있어서
야외 정원을 가꾸는 분이나 홈가드닝을 하는 분들을
즐겁게 하고 있어요.
(가나다 순서)

1. 두갸르송 토분

두갸르송 토분은 특별한 기교나 모양의 변형보다 기본에 충실하면서, 시간이 지날수록 은은한 느낌을 주는 토분이에요. 로고가 감추듯 갖고 있는 힘과 그 속에 숨은 감성은, 오늘도 많은 가드너들의 마음을 설레게 합니다. 식물을 식재하면 그 식물은 더 돋보이면서 토분 자체의 매력도 제대로 느낄 수 있는 게 두갸르송 토분의 매력이 아닌가 싶어요.

토분과 식물을 사랑하는 사람들이 모인 카페에 들어가면 "두갸르송 그리고 반려식물" 이라는 간단한 그 소개가 인상적이에요. 소개 문구처럼 토분과 반려식물, 그 곁의 가드너가 행복한 토분, 두갸르송입니다.

네이버 카페 : 두갸르송 토분
소재지 : 경기도 여주

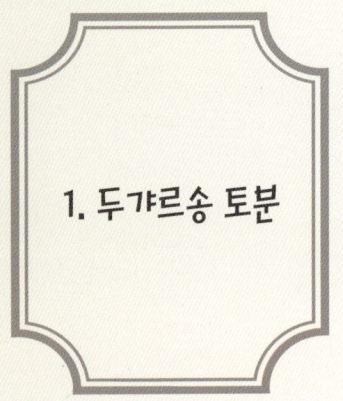

2. 디어마이 토분

디어마이는 행복한 가드닝을 돕기 위해 내 정원의 반려식물과 플랜테리어를 위해 만든 수제 토분사예요. "나를 위한, 나에게" 라는 단순한 의미의 로고는 왠지 가드닝을 하는 스스로에게 주는 선물 같은 느낌이에요. 토분을 너무 좋아하는 마음에 직접 원하는 제품을 만들고 싶어서 토분사를 오픈했다는 대표님의 말은 가드너의 마음을 읽는 듯 해요. 여성스럽고 귀여운 형태의 화분이 아기자기한 것을 좋아하는 가드너에게 많은 사랑을 받고 있어요.

네이버 카페 : 디어마이 토분
소재지 : 경기도 화성

3. 루 토분, 루쟈르디노 토분

식물에게 꼭 필요한 화분, 토분을 사랑하는 마음에서 출발한 루 토분, 루 쟈르디노는 '토분과 아름다운 정원을 꿈꾸며'라는 제작의도로 출발한 2012년, 첫 토분을 만든 후부터 지금까지 그 마음이 변하지 않고 있어요.
제한된 가드너와 시장의 수요를 따라 많은 토분사들이 고객 위주의 제작을 할 때도 이곳은 꿋꿋하게 '식물을 우선으로 하는 토분'을 만들어요. 소품 형태보다 주로 중형 이상의 토분을 제작하는데, 어떤 식물에게든 특별하고 든든한 보금자리 역할을 하며 가드너까지 행복하게 하는 토분이에요.

네이버 블로그 : 루도자기 루쟈르디노
소재지 : 전남 부안

Chapter 11. 수제토분 ● 233

4. 아뜨리움 토분

자연과 하나되는 힐링정원을 꿈꾸며 아름다운 토분, 다육분, 오브제 등을 만드는 아뜨리움은 아기자기한 귀여움이 매력인 토분입니다. 기본적인 토분 빛깔 외에도 핑크와 민트, 퍼플 등 다양한 색감으로 화분의 의미를 넘어 보는 것만으로도 만족을 주는 아름다움이 있습니다. 국내 뿐만 아니라 중국에서도 많은 사랑을 받고 있는 아뜨리움은 감성적인 가드닝에 행복을 더합니다.

네이버 카페 : 아뜨리움 토분
소재지 : 경기도 여주

Chapter 11. 수제토분

chapter 12

힐링 가든

가끔은 반복되는 일상이 지루하게 느껴질 때가 있어요.
익숙하게 일하던 사무실 책상, 편안한 게 당연하던 집, 습관처럼 오가던 길이
어느 순간 나 자신을 붙잡고 놓지 않아 힘들게 느껴질 때가 있어요.
그런 때는 무조건 견디기보다 잠시 떠나도 좋을 것 같아요.
우리가 생활하는 곳, 반복되는 일상 속의 시간에서
잠시 떨어져 하루 정도 마음의 여유를 찾을 수 있는 곳으로 떠나요.
좋아하는 소품이 있는 카페,
식물이 가득한 식물카페,
좋은 사람과 맛있는 식사를 할 수 있는 음식점 등
취향에 맞는 장소가 우리 주변에 정말 많아요.

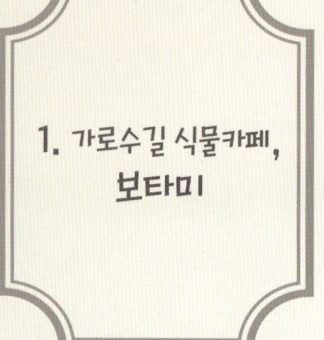

1. 가로수길 식물카페, 보타미

창원 도심 가로수길에 있는 보타미는 가까운 곳은 물론 다른 지역에 있는 가드너들에게도 많은 관심을 받는 곳이에요.

식물은 물론 토분과 소품, 맛있는 메뉴까지 있어서 또 오고 싶고, 좋은 사람과 오래 머물고 싶은 곳이에요. 식물 카페가 잘 운영되는 게 쉽지만은 않은데요. 이곳은 오랫동안 홈가드닝을 하며 식물에 대해 쌓은 지식과 방문하는 분의 기분까지 고려한 그린인테리어가 카페와 만나 좋은 에너지를 만드는 곳이에요. 보타미는 건강하고 맛있는 음료와 디저트는 물론 직장인과 창업을 꿈꾸는 사람들을 위한 가드닝 클래스도 다양하게 열고 있어요. 특히 창업반과 테라리움 강좌는 많은 분들에게 사랑받고 있어요.

주소 : 경남 창원시 의창구 외동반림로 270-1
전화 : 055-261-9746

Chapter 12. 힐링가든

2. 바다를 품은 온실카페, 널서리

거제도 와현 바닷가 언덕에 위치한 카페 널서리는 넓고 큰 온실 정원이 인상적이에요. 입구에서부터 시작되는 야외 정원을 여유롭게 걸어서 카페가 있는 유리온실로 들어서면 새로운 시간이 펼쳐지는 듯 해요.
넓은 야외, 그곳 테라스에서 보는 바다는 계절과 날씨에 따라, 이국적인 장소에 온듯한 특별함을 느끼게 해요. 제가 널서리에 처음 갔던 날은 비가 많이 내렸어요. 고요한 바다 위로 쉼없이 쏟아지는 굵은 빗줄기를 바라보며 마시던 커피의 향기와 그 온기가 아직도 소중하게 기억됩니다.

주소 : 경남 거제시 일운면 구조라로 4길 21
전화 : 055-682-4541

3. 외도, 보타니아정원

외도 보타니아는 한려해상국립공원 내에 있어요. 이곳 외도는 섬 전체가 아름다운 정원이에요. 한 부부의 땀과 노력으로 1995년 해상식물공원으로 개장해 오랜시간 동안 관람객들에게 사랑받고 있어요. 산책로를 걷다보면 3,000여 종의 꽃과 나무와 함께 남해안 바다의 아름다움을 느낄 수 있어요.

외도는 거제도에서 약 4km 떨어져 있으며 유람선을 이용해야만 보타니아정원에 들어갈 수 있어요. 거제도에서 외도로 향하는 일곱 곳의 항구 중에 가장 편리하고 가까운 곳을 선택하면 됩니다.

주소 : 경남 거제시 일운면 외도길 17 외도해상농원
전화 : 055-681-4541
관람시간 : 2시간

테마별로 조성된 정원은 좋은 사람과 함께 걷는 시간도 즐겁지만 혼자만의 쉼으로도 좋은 곳이에요. 바닷바람이 부는 정원을 걷다보면 문득 잊고 있던 친구가 생각나기도 하고, 일상으로 돌아가 더 좋은 에너지로 누구보다 열심히 살 수 있을 것 같은 용기가 생겨요.

4. 아날로그 감성 가득, 낭만정원

그림을 전공하고 오랫동안 캔버스와 물감에 익숙한 예술가의 눈에 식물은 어떤 의미였을까요? 이젤과 물감이 아닌 초록빛 생명이 눈에 들기 시작한 건 언제였을까요?

어느 날, 어떤 식물 하나가 힘든 마음으로 들어와 작은 위로의 손길을 내밀었을 때, 망설임 없이 그 손을 잡았다고 해요.

대전시내 대흥동에 있는 낭만정원은 서양화를 전공한 사장님의 따뜻한 감성이 가득한 도심 속 아날로그 정원입니다. 그곳에서는 종이컵에 믹스 커피 한 잔이면 식물과 토분과 함께 몇 시간을 행복하게 머물 수 있어요.

주소 : 대전시 중구 대흥로 111번기 44
전화 : 0507 1364 5082

수제토분을 좋아하는 사장님께서 소장용으로 모은 토분을 구경하는 즐거움도 커요.

5. 정원카페, 보니비

도심을 벗어나 한적한 곳에 위치한 보니비는 넓은 야외 정원이 주는 매력이 큰 곳이에요. 다양한 정원수와 꽃, 초화류들이 어우러진 정원은 섬세하면서 감각있는 가드너의 손길을 그대로 느낄 수 있는 곳이에요. 단순히 좋아하는 취향만을 고집한게 아니라 야외정원에 맞는 나무를 심고 그 아래 잔디밭에 옹기종기 식물과 소품을 배치해 하나하나 눈길이 갑니다.

야외 정원은 특히 사계절 부지런한 관리를 요구하는데 이곳의 계절은 부지런한 주인을 닮아 저마다 개성과 멋을 뽐냅니다. 보니비에 가면 아름다운 정원에서 여유로운 시간을 보내는 고양이들이 다가와 귀여운 애교를 보여주기도 합니다.

주소 : 충남 공주시 반포면 정광터1길 164-3
전화 : 0507-1314-4896

Chapter 12. 힐링가든 • 247

6. 자연이 숨쉬는 감성카페, 더포레

이곳을 처음 방문하던 날, 잠깐 유럽의 농장이 떠올랐어요. 실제로 이곳은 유럽식 농장을 모티브로 젊은농부들이 운영하는 숲 속 작은 마을 컨셉의 베이커리 농원 카페예요. 베이커리와 커피를 마실 수 있는 나무집과 온실정원, 야외테라스는 도심을 벗어나 여유로운 자연을 느끼기에 충분해요. 특히 야외 넓은 정원은 계절마다 다른 매력을 느낄 수 있어요. 더포레는 차와 맛있는 베이커리를 즐기며 좋아하는 사람들과의 소중한 추억을 쌓기 좋은 곳이에요.

주소 : 경기도 화성시 향남읍 두렁바위길 49-13
전화 : 0507-1495-9297
이용시간 : 매일 10:00~21:00

갓 구워낸 따끈한 빵과 음료를 들고 나오면 잠시 짧은 고민의 시간이 찾아와요. 카페 내부에서 이용도 가능하고, 온실이나 야외 테이블은 물론 우드캐빈 등 원하는 장소 어디든 이용할 수 있기 때문이죠. 음료 등 메뉴 주문만 하면 넓은 야외 정원에서 사계절의 여유를 즐길 수 있어 참 좋은 곳이에요.

7. 맛있는 행복, 특별한 정원, 참좋은 생각

경기도 양평은 양수리와 두물머리가 워낙 유명한 곳이죠. 특히, 양평은 드라이브를 하면서 맛집에서 식사를 하고 미술관, 문학관, 식물원 등을 방문할 수 있어 당일 여행코스로 많은 분들이 좋아하는 곳이죠. 저도 몇 년 전 친구랑 두물머리에 다녀온 기억이 있는데 참 좋았어요. 겨울과 봄에 한 번씩 갔는데 계절따라 분위기도 다르고 행복한 추억을 쌓을 수 있는 곳이었어요. '참좋은 생각'은 좋은 재료로 만든 한정식을 즐기며 맛있는 시간과 함께 아름다운 정원에서 도심에서 느끼지 못했던 여유로움을 누릴 수 있는 곳이에요. 건강한 재료로 만든 맛있는 음식을 먹고 비밀의 정원 같은 곳을 거닐며 힐링의 시간을 갖기 좋아요.

주소 : 경기도 양평군 강하면 수대골길 45
전화 : 031-774 7577
이용시간 : 11:30~21:00 (쉬는시간 15:30~16:40)

비밀의 정원을 걷는 듯한 기분을 느끼기에 충분해요.

8. 이색적인 식물공간, 화분병원

대전시에서 운영하는 화분병원은 아픈 식물을 치료하는 병원이에요. 대전시청 내에 자리한 이곳은 대전시민의 식물 사랑을 엿볼 수 있는 곳이에요. 2013년 문을 연 이후 현재까지 시민들이 다양한 식물들을 잘 키울 수 있도록 치료하고 여러 가지 도움을 주고 있습니다.

잘 자라지 않는 식물에 대한 처방과 치료는 물론 화분 분갈이, 영양공급, 수형과 병충해 문제 등 여러 가지 필요한 도움을 받을 수 있어요. 특히 식물을 키우는 초보 가드너나 분갈이 등의 도움을 받고 싶은 분들께 참 반갑고 든든한 곳이죠.

주소 : 대전시 서구 둔산로 100 대전광역시청
전화 : 042-270-2396
이용시간 : 09:00~18:00(토, 일 법정 공휴일 휴무)

별도의 이용료는 없어요. 다만 분갈이 화분 및 식물재료는 준비해야 합니다.

주요시설 : 유리온실, 육묘장(노지), 온실 (광량조절 스크린, 창문자동 개·폐장치)

각 종류별로 식물을 관리하는 공간이 있어요. 다육식물 치료실, 작은화분을 비롯해 중간화분, 큰화분 치료실, 난화분 치료실, 장기입원실, 퇴원을 대기중인 활력개선실로 나뉘어 관리되고 있어 우리집 식물에 맞는 처방과 치료를 받을 수 있어요.

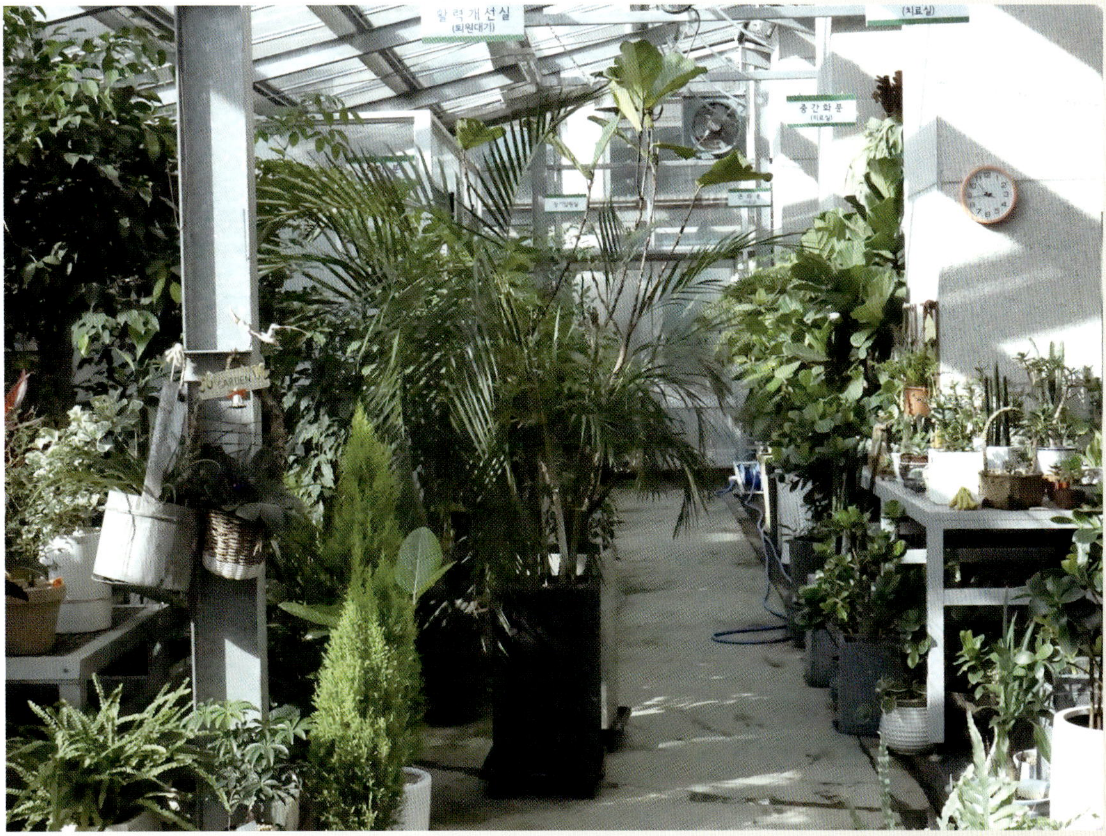

Chapter 13

수목원과 식물원

우리가 살고 있는 곳, 가까운 지역에서 만날 수 있는
수목원이나 식물원은 즐거운 여행지가 되기도 합니다.
요즘은 지자체마다 특색 있는 수목원과 식물원이
조성되어 지역민은 물론 관광객을 반기고 있습니다.
넓고 큰 정원을 갖고 있지 않아도
먼 곳으로 떠나지 않아도
소박하지만 특별하게 즐길 수 있는
초록빛 가득한 여행을
수목원과 식물원으로 떠나보는 건 어떨까요?

1. 거제식물원 : 정글돔

푸른 바다와 조선소로 유명한 경남 거제시에 위치한 거제식물원은 높은 열대 돔형 온실과 야외생태공원이 있어 녹색도시 거제를 느낄 수 있어요. 거제식물원에서는 지역식물 생태계를 비롯해 열대, 난대, 온대 등 다양한 환경의 식물을 한눈에 관찰하고 체험해 볼 수 있는 체험과 휴식의 공간을 만날 수 있어요. 뿐만 아니라 거제식물원은 관람객에게 식물 생태계에 대한 다양한 테마체험과 식물문화에 대한 배움의 시간을 통해 환경을 보전하고 지속가능한 미래가치를 만들어내는 곳입니다.

주소 : 경상남도 거제시 거제면 거제남서로 3595
전화 : 055-639-6991
입장시간 : 하절기(3~10월) 09:30~18:00 / 동절기(11~2월) 09:30~17:00
휴무일 : 월요일, 1월 1일, 설날, 추석

 거제식물원 구성 : 정글돔(열대온실), 야외생태정원, 수생정원, 석부작정원, 잔디광장

정글돔에 들어서면 먼저 그 크기나 규모에 놀라게 돼요. 예전에는 동남아시아 등 유명 여행지에서나 볼 수 있던 멋진 온실 식물들을 국내에서도 어렵지 않게 볼 수 있다는 사실이 반가워요.

관람객을 위한 새둥지 포토존

Chapter 13. 수목원과 식물원 ● 257

정글돔 1층은 다양한 식물들이 건강한 모습으로 사계절 관람객을 반기고 있어요.

식물과 자연석을 아름답게 조화시킨 석부작 정원과 석부작 작품은 돌과 식물의 형태에 따라서 다양한 분위기를 연출하고 있어요. 특히 거제식물원의 석부작은 길쭉한 자연석을 여러 단으로 연결시켜 여러 종류의 식물과 함께 해서 살아있는 큰 돌기둥이 그 멋을 한층 더하고 있어요.

산책하듯이 걸으며 발길 닿는 곳곳은 싱그러움이 가득해요.

2. 국립세종수목원

세종특별자치시 도심에 조성된 국립세종수목원은 국내에서는 가장 큰 열대우림과 우리 민족의 멋과 전통을 느낄 수 있는 궁궐정원이 있는 곳이에요. '붓꽃'을 모티브로 디자인된 사계절온실은 우리나라와 기후대가 다른 지중해식물과 열대식물 전시와 교육을 통해 식물 종의 다양함과 중요성을 알 수 있는 곳입니다. 또 전망대가 있는 지중해식물 전시원에는 물병나무, 올리브, 대추야자, 부겐빌레아 등 228종이 있고, 열대식물 전시원에서는 높은 관람자 데크길을 따라 나무고사리, 알스토니아, 보리수나무 등 437종을 관찰할 수 있습니다.
온난화로 인한 기후와 환경변화로 한 그루 나무의 가치도 더없이 소중한 요즘, 이렇게 도심에서 자연과 함께 할 수 있다는 것은 행복 중의 하나 같아요.

주소 : 세종특별자치시 연기면 수목원로 136
전화 : 044-251-0001
입장시간 : 하절기(3~10월) 09~18:00 / 동절기(11~2월) 09~17:00
휴무일 : 월요일(월요일이 공휴일인 경우 그 다음 평일), 1월 1일, 설날, 추석

> **세종수목원 구성**
>
> 사계절 전시온실(열대정원, 지중해온실, 특별전시온실) 한국전통정원(궁궐정원, 별서정원, 민가정원) 이외에도 분재원, 생활정원, 단풍정원, 민속식물원, 야생화원, 희귀특산식물원, 치유정원 등 다채로운 테마로 꾸민 정원을 관람할 수 있어요.

야자나무를 비롯해 다양한 양치식물이 양쪽으로 자리잡은 열대정원을 들어서면 상쾌함이 마음 깊은 곳까지 기분좋게 합니다.

희귀·특산식물 전시온실은 세계적으로 우리 나라에서만 볼 수 있는 특산식물과 서식지에 서 사라져 가는 희귀식물 중 남부지방(아열 대·난대기후대)에 분포하는 식물전시를 통해 서식지 보전의 중요성을 알 수 있는 곳입니다. 청류지원을 배경으로 한 전시온실 2개 동은 물 잔 위에 띄운 나뭇잎을 형상화한 것으로 완도 호랑가시나무, 황근 등 65종 3만 본 이상을 관 찰할 수 있습니다.

정원의 아름다움과 가치를 알리는 특별전시온실에서는 사계절 변화하는 정원의 모습과 이벤트, 문화행사가 다양하게 열립니다.

3. 도시속 자연, 한밭수목원

'시민의 숲, 도심 속의 자연'이라는 슬로건에 알맞게 한밭수목원은 정부대전청사와 과학공원의 녹지를 연계한 우리나라 최대의 도심 속 인공수목원으로 손꼽힙니다. 이곳은 각종 식물종의 유전자를 보존하고, 청소년들에게 자연체험학습의 기회를 제공하는 것은 물론 시민들이 도심속에서 푸르름을 만끽하며 휴식할 수 있는 공간을 제공하고 있습니다.

2005년 봄, 식물원이 개원한 이후 맹그로브원, 목련원, 약용식물원, 암석원, 유실수원, 열대식물원 등 19개의 테마별 정원으로 조성되어 있습니다.

주소 : 대전광역시 서구 둔산대로 169
전화 : 042-270-8452~5
입장시간 하절기(3~10월) 09~18:00 / 동절기(11~2월) 09~17:00
휴무일 : 월요일(월요일이 공휴일인 경우 그 다음 평일), 1월1일, 설날, 추석

야자과식물은 전 세계에 약 2,400여 종이 있어요. 야자는 줄기가 갈라지지 않고 큰 잎이 줄기의 끝에 무리지어 달리며, 나이테가 없는 특징을 갖고 있어요. 열대식물원에는 개성있는 야자가 많은데 그 중에서도 미국 초대 대통령인 조지 워싱턴의 이름에서 유래된 '워싱턴야자', 성탄절무렵에 붉은색 열매가 달리는 '성탄야자', 카나리아제도가 고향이면서 줄기에 옆으로 긴 마름모 모양의 무늬가 독특한 '카나리야자', 줄기 모양이 술병을 닮은 '주병야자' 등이 살고 있어요.

 맹그로브

아열대나 열대의 해변, 하구의 습지에서 자라는 나무를 통틀어 부르는 말이에요. 주로 뿌리를 통해 산소 호흡을 하기 때문에 항상 뿌리의 일부가 문어다리 모양으로 수면위에 노출되어 있으며 이런 뿌리는 생리학상 호흡근이라고도 해요. 맹그로브는 전세계적으로 24과 70여 종에 이르는데 세상에서 가장 비옥하고 생물학적으로 가장 복잡한 생태를 형성합니다. 해안가의 맹그로브숲은 해일 등의 방어막 역할을 하기도 해요.

바오밥나무와 어린왕자

열대 아프리카가 원산지인 바오밥나무는 둥치는 비대하고 높이가 20m 정도 자라는 나무에요. 우리에게는 "어린왕자"의 작품에 등장하는 나무로 더 익숙하죠. 한밭수목원에서는 멋스럽게 잘 자라는 사이좋은 바오밥나무 두 그루와 어린왕자와 여우 조형물이 사이좋게 관람객을 반겨요.

열대우림식물은 기온이 높고 강수량이 많은 적도의 열대지역에서 자라는데 주로 동남아시아, 남아메리카, 적도아프리카에 분포해요. 이곳에 세계 유전자원의 50% 이상이 있을 정도로 지구 환경보전에 크게 기여하고 있어요. 가장 큰 가치는 효율적인 광합성 작용으로 이산화탄소를 흡수하고 산소를 배출해 지구의 온난화를 완화시키며 공기 정화 역할을 하는 것입니다. 우리가 많이 알고 있는 식물로 바오밥나무와 여인초가 대표적이에요. 바오밥나무는 어린왕자 속 나무로 더 유명하지만 요즘은 식물원에서 어렵지 않게 만날 수 있고 조금씩 원예종으로도 재배되고 있어요. 나그네라고 불리는 여인초는 잎자루 아래 빗물을 저장하여 나그네들의 갈증을 해소한다고 해서 붙여진 이름이에요.

열대식물원에서 만나는 바나나와 파인애플

목제 조형말에 에어플랜트가 자라는 모습은 관람객의 발길을 오래 머물게 해요.

찾아보기

ㄱ

가드닝 용어	5, 16
가문비나무	122, 169
가지치기	4, 5, 13, 16, 27, 30, 52, 55, 56, 57, 61, 69, 91, 92, 95, 118, 120, 121, 122, 123, 124, 125, 177, 181, 183
겉씨식물	16
겨울눈	16
겨울보리수나무	92
겹꽃	16, 59
고려사자석위	134
교목	17
곰돌이선인장	218, 219
과꽃	75
관목	17
관실식물	12
관엽식물	12, 18, 26, 28, 30, 64, 96, 121, 142, 178, 211, 272
괴근식물	12, 19, 26, 154, 156, 159, 272
교잡종	15, 139
구근식물	12, 17, 154, 184, 186, 191, 192, 272
구절초	74
국화	74, 75, 76, 77, 101, 136
귀화식물	13
기근	13, 16, 46, 83, 97, 151
기본종	2, 15, 73
기생식물	13
꺾꽂이	24

ㄴ

나폴리나이트	99
난과식물	13
네마탄투스	78
노랑아카시아	70
늘푸른떡기나무	17, 44

ㄷ

다육식물	12, 17, 18, 19, 24, 26, 28, 178, 208, 210, 212, 213, 222, 224, 225, 272
단애여왕	220
담쟁이	13, 128, 129, 147
대륜국화	77
덩굴식물	13, 128, 151
도포제	121, 122
독일은방울	193
동박새	59
동백군락지	58
동백기름	59
동백나무	17, 58, 59, 87
둥근잎다정큼나무	86, 87
디시디아 멜론	106, 107
디시디아 밀리언하트	108, 109
떡갈잎고무나무	40, 41

ㄹ

라넌큘러스	196
라일락	52, 53
레몬밤	204
로사케아 범의귀	39
로시타	47
루비산사나무	88, 89
룩타오	46, 47
리그닌	16
리톱스	212, 222, 223
립살리스 슈도	110

ㅁ

맥시나리아 나나	62
맹그로브	265
멸종위기 식물	113
목질화	16, 156
몬스테라	82, 83
무늬병풀	140, 141
무스카리	12, 186, 192, 193
미니달개비	42, 43
미니편백	95
미모사	79
미스김라일락	53

ㅂ

바오밥나무	265
반딧불털머위	24, 136, 137
백자단	90, 91
벌레잡이식물	13
벌레잡이통풀, 네펜데스	80
벤쿠버제라늄	100
변종	15
복토	16
분재	13, 55, 89, 90, 91, 187, 191, 260
불염포	142
블루 세이지	205
비비추	130, 131

ㅅ

사계보로니아	68, 69
삽목	16, 24, 43, 47, 167, 171
선인장	12, 17, 18, 23, 24, 26, 28, 178, 208, 210, 211, 214, 216, 218, 219, 272
세무리아	224, 225
세잎뿔남천	61
소륜국화	77
속씨식물	16
수경식물	13, 23, 25, 147
수박페페	50
수생식물	13
수선화	12, 189, 193
수액	16, 67, 177
수형	13, 16, 41, 44, 53, 55, 87, 91, 92, 95, 120, 121, 122, 123, 124, 125, 181, 182, 183, 252
수형만들기	181

스킨답서스 픽투스 96	율마　4, 12, 19, 23, 105, 174, 176, 177, 178, 179, 180, 181, 182, 183	클럼프 114
스테파니아 세파란타 158	이끼　13, 18, 85, 104, 105, 106, 173	
스테파니아 에렉타 156, 157, 158	이명법 14	**ㅌ**
스탠더드국화 77	잎꽂이 17, 24, 213, 225	탈피 222
스프레이국화 77	잎맥 17, 132, 142, 158	튤립 12, 186, 187, 190, 191
시클라멘 186, 194, 195		
싱고니움 바리에가타 73	**ㅈ**	**ㅍ**
싸리 84, 85	자구번식 24	파키포디움 호롬벤세 162, 163
썰프레아 12, 26, 166, 167	자귀나무 79	팔방삼나무 168
CAM 광합성 212	자엽안개나무 48, 49	포기나누기 17, 24, 73, 137
	잡종 15, 139	포층주머니 80, 81
ㅇ	재배종 15	푸미라 14, 146, 147, 148
아스파라거스 플루모서스 36, 37	저면관수 17, 77, 91, 180, 205, 213	풍로초 94
아종 15	적심 213, 225	피나타라벤더 200
안스리움 클라리네비움 142, 143	접목 16, 24, 167	피라칸타 12, 17, 44, 45
암수딴그루 16	접붙이기 16, 24	피어리스 124
암수한그루 16	제주마삭줄 54	필란투스 미라빌리스 160, 161
야자 264	조매화 17, 59	핑크레이디 42, 43
애니시다 56, 57	좀배롱나무 123	
양치식물 16, 134, 135, 261	종소명 14, 15	**ㅎ**
에어플랜트 112, 113, 114, 115, 116, 147, 267, 272	주맥 17	학명 2, 14, 15, 194, 272
엔젤스킨 96	주목 172, 173	한련화 17, 34, 35
여러해살이 17, 39, 46, 72, 77, 94, 136, 193	직희남천 60	한해살이 17, 43, 75, 101
연잎양귀비 72		해바라기 4, 101
연필선인장 216	**ㅊ**	행잉플랜트 16, 147
열대우림 266	착생식물 13, 18	허브 13, 25, 198, 201, 202, 204, 205, 207, 272
엽록소 17	청산호선인장 214	호야 46, 47
엘로우봉 170, 171	측맥 17	호접란 64, 65
왁스플라워 98	침엽수 12, 23, 25, 26, 27, 28, 121, 122, 164, 166, 178	호흡군 265
왜성종 16		화분리스 146, 150
운간초 38, 39	**ㅋ**	활엽수 12, 121
웅동자 215	칼라데아 132, 133	황금짜보 125
원산지 13, 14, 26, 41, 44, 46, 51, 56, 61, 73, 77, 79, 82, 90, 93, 98, 99, 112, 113, 123, 125, 139, 143, 151, 186, 189, 190, 194, 196, 204, 206, 212, 265	칼라디움 138, 139	황칠나무 66, 67
유통명 2, 14, 15	크로커스 197	휴면기 17, 27, 72, 122, 129, 131, 138, 157, 159, 192, 193, 195, 220
육수꽃차례 142	크로톤 12, 51	
	크리스마스로즈 102, 103	

마음, 초록으로 물들기를

얼마 전 제가 살고 있는 아파트는 외부 페인트 작업을 했어요. 몇 곳의 페인트 회사가 제시한 디자인 샘플을 보고 입주자 투표를 거쳐 회사가 결정되었어요. 디자인 결정이 나자 먼저 건물 외부 물청소가 시작됐어요.

제가 사는 동의 물청소 날은 햇살이 좋았어요. 저는 일찍 일어나 거실쪽 베란다 난간에 있는 화분걸이대에서 식물을 모두 들여놓고 화분걸이대도 들였어요. 시간이 얼마나 지났을까, 밧줄 하나가 창 밖에서 대롱대롱 흔들렸어요. 그리고 기다렸다는 듯 물이 쏟아졌어요. 중간층에 살고 있는 저는 위층에서부터 대책없이 쏟아지는 물줄기를 바라보았어요. 물줄기가 멈추고 얼마 후 유리창으로 보이는 사람은 물호스를 저희집 베란다 유리창쪽으로 갖다대고 유리와 창틀에 물을 뿌렸어요. 그렇게 한 층씩 오래 쌓인 먼지도 아래로 떨어졌어요.

그날 점심을 먹고 편의점에 들러 커피를 사서 집으로 돌아오는데 건물 아래로 길게 늘어진 외줄과 작업자가 앉았던 의자가 눈에 들어왔어요. 그건 의자라기 보다 두꺼운 나무가 직사각 형태로 줄에 매달린 것처럼 보였어요. 작업을 하던 분이 점심 식사로 자리를 비우고 옥상에서부터 내려온 줄도 잠시 휴식이었어요.

점심시간이 끝나고 그 줄도 의자도 작업자와 함께 일을 시작했어요. 바로 눈 앞, 베란다 유리 창 밖을 보는데 문득 때로 우리 삶이 저런 모습일지 모르겠다, 싶었어요. 우리는 모두 태어나면서 하나의 이름을 갖지만 시간이 지나면서 수많은 역할을 하며 그에 맞게 상대의 마음을 읽고 맞추며 살아갑니다. 걸음마를 떼면서 박수를 받던 시간을 지나 학교에서, 직장에서 경쟁의 시간을 견딥니다. 때로 아슬아슬한 외줄에 몸을 의지한 듯 아찔하고 피곤한 일상을, 그 외줄을 놓치지 않기 위해 얼마나 애를 쓰는지요. 많은 사람들과 관계 속에서 '나'라는 한 사람에 대한 다양한 타이틀에 맞는 삶을 살아가느라 가끔은 한숨 쉬고, 때론 피곤에 지칠 때가 있어요. 비록 건물 외벽에 줄을 매달고 있는 건 아니지만 때로 그것 못지 않은 삶의 두려움과 외로움과 마주할 때가 있지요.

작은 화분 하나를 키우는 사소한 일이, 가드닝이 그런 삶의 피곤과 외로움을 안고 사는 사람들에게 작은 쉼이 되면 좋겠습니다. 때로 위로가 되면 좋겠습니다. 혼자서도 행복할 수 있는 시간이면 좋겠습니다.

좋은 성과를 내기 위해서 넘어질 만큼 바 힘들게 뛰지 않기를.

　관계를 유지하기 위해 혼자만 너무 애쓰지 않기를.
　만약, 지쳤다면 햇살이 좋은 오후 창가에 화분 하나를 놓고 차 한 잔과 함께 식물과 보내는 그 시간으로 피곤에 눌린 마음 온전히 쉬기를 바랍니다.
　저 자신을 조금이라도 좋아할 수 있게 해준 가드닝의 고마움을 잊지 않겠습니다. 이렇게 두 번째 가드닝 책을 세상에 내놓으며 저는 다시 일상으로 돌아가 식물을 돌보고 배우며 글을 쓰겠습니다. 앞으로도 식물을 좋아하는 이들에게, 식물들에게 더 따뜻하고 필요한 사람이 되는 노력을 멈추지 않겠습니다.

　어느 날 이 책을 다시 펼치는 그때, 그 순간은 외줄을 붙잡고 애쓰던 그 피곤한 그 마음을 땅에 내려놓고 쉬며 책 속에서 온전한 휴식을 갖기를 바랍니다.
　당신의 일상에 들인 작은 정원에서 오래 행복하길 바랍니다.

가드너의 책장

참고문헌 및 함께 보면 좋은 도서

APG나무도감, 윤주복, 진선출판사, 2016
APG풀도감, 윤주복, 진선출판사, 2017
관엽식물 가이드 155, 와타나베 시토시, 그린홈, 2012
꽃보다 아름다운 잎, 권순식 외, 한숲, 2016
나만의 식물 인테리어 데코플랜츠, 가와모토 사토시, 미디어 샘, 2015
나만의 실내정원, 오하나, 넥서스, 2020
낯설지만 매혹적인 다육식물, 괴근식물, 켄 요코마치, 북커스, 2019
내 책상 위의 반려식물 테라리움, style조선, 2018
다육식물 디자인, 도카이로, 한스미디어, 2017, 2014
다육식물 인테리어, 학습연구사, 옥당, 2013
블루진: 반려식물, 자작나무, 2018
메디컬허브백과: 내몸을 살리는 치유식물, 데이비드 키퍼, style조선, 2015
서양의 약초 허브식물도감, 제갈령.손현택, 지식서관, 2014
선인장 인테리어, 하가네 나오유키, 넥서스, 2010
쉽게 키우는 선인장과 다육식물 Cacti, 엠마 시블리, 북커스, 2019
쉽게 키우는 실내식물 House plant, 엠마 시블리, 북커스, 2019
실내원예, 방광자, 대원사, 1991
야생화 기르기, 코야마 유키오 외, 그린홈, 2008
올댓허브, 박선영, 궁리, 2018
우리나무 백과 사전, 서민환.이유미, 현암사, 2003
우리집 다육식물 키우기. 플로라편집부, 플로라, 2010
우리풀 백과 사전, 이유미.서민환, 현암사, 2003
원예식물 이름의 어원과 학명 유래집, 유용권 외, 전남대출판부, 2006
원예학용어 및 작물명집, 한국원예학회, 2003
원예학원론, 김종천, 건국대출판부, 1997
정원가드닝을 위한 베란다 꽃밭, 이선영, 로그인, 2013
처음 만나는 에어플랜트, 요시하루 카시마, 북커스 2020
처음 하는 구근식물 가드닝, 마쓰다 유키히로, 한스미디어, 2019
플랜테리어의 시작, 수태볼 만들기, 코랄리 파커, 북커스, 2019
초록향기 가득 반려식물 인테리어, 송현희, 2019
싼타벨라처럼 쉽게 화초 키우기, 성금미, 2009